TRAITÉ PRATIQUE

DE

PERSPECTIVE

A L'USAGE DE

l'Enseignement primaire, des Écoles primaires supérieures

DES

Écoles normales, des Établissements d'Enseignement
secondaire
des Écoles de dessin et des Écoles professionnelles

Par Charles ABRAM

PROFESSEUR AU LYCÉE VICTOR-HUGO ET A L'ÉCOLE
DES BEAUX-ARTS DE BESANÇON

PRIX : 3 FRANCS

PARIS

ALPHONSE LEMERRE, ÉDITEUR, 27-31, PASSAGE CHOISEUL

1897

TRAITÉ PRATIQUE DE PERSPECTIVE

A MONSIEUR

EUGÈNE GUILLAUME

MEMBRE DE L'INSTITUT

PROFESSEUR AU COLLÉGE DE FRANCE

DIRECTEUR DE L'ACADÉMIE DE FRANCE A ROME

GRAND OFFICIER DE LA LÉGION D'HONNEUR

Hommage respectueux et reconnaissant.

PRÉFACE

Au moment de présenter ce modeste travail au jugement de nos maîtres, de nos collèges et de tous ceux qui s'intéressent aux progrès de l'étude du dessin dans notre pays, nous avons pensé qu'il n'était pas superflu d'indiquer, avec précision, les principes essentiels qui nous ont guidé et le but que nous nous sommes proposé.

La connaissance de la Perspective semble inséparable de l'étude très développée de la Géométrie. Un maître éminent l'a dit : « Dans la pratique, comme dans la théorie, il faut reconnaître que la géométrie est la base de la science du dessin » (1). Or c'est surtout à l'égard de la Perspective que cette remarque est rigoureusement exacte. C'est pourquoi les meilleurs traités de perspective que nous possédons supposent chez leurs lecteurs des connaissances mathématiques très complètes et l'habitude de suivre un raisonnement abstrait.

Une telle méthode ne présenterait point d'inconvénients si cette partie de la science du dessin ne devait être étudiée que par des esprits parvenus à leur développement complet et pourvus d'une haute culture scientifique. Mais comme le fait encore remarquer avec raison M. E. Guillaume dans l'étude si remarquable qu'il a consacrée au dessin dans le Dictionnaire de Pédagogie de M. Buisson, l'enseignement du dessin ne peut pas, ne doit pas être réservé à une élite : « il doit être fait pour tous, pour les ouvriers aussi bien que pour les gens du monde ».

Cependant, pour rendre la connaissance de la Perspective accessible à ceux qui n'ont pas encore ou qui sont hors d'état d'avoir une éducation mathématique assez développée, il ne faut pas tomber dans un empirisme absolu qui enlèverait à cette étude toute valeur scientifique. L'expérience, si elle est employée d'une manière exclusive peut avoir, comme la méthode mathématique, de réels inconvénients.

Voici comment nous avons cru pouvoir résoudre cette difficulté. Nous avons pensé qu'il était possible de réduire à un très petit nombre de principes les notions de géométrie sans lesquelles il est impossible d'aborder l'étude de la Perspective. Nous avons été amené à cette réduction par notre expérience de l'enseignement du dessin. Après avoir indiqué et démontré

---

(1) E. Guillaume. *Dictionnaire de Pédagogie* de M. Buisson (article Dessin).

avec la plus grande simplicité ces vérités mathématiques absolument indispensable, nous avons d'une manière constante, eu recours à la méthode expérimentale, fidèle en cela aux principes posés par le maître que nous citions plus haut : « Les lois générales de la Perspective, sans être compliquées, seraient néanmoins assez difficiles à suivre pour de jeunes élèves. C'est par l'expérience plus encore que par le raisonnement qu'il conviendra de les leur faire acquerir et cette expérience devra se faire dès le début des études » (1).

Nous nous estimerons heureux, quant à nous, si notre modeste traité satisfait à ces deux conditions qui nous paraissent essentielles, la simplicité de l'exposition dans laquelle le livre le meilleur demeure inaccessible à la plupart des lecteurs, et la précision sans laquelle il est impossible de donner à l'étude du dessin un caractère scientifique.

(1) Voir ouvrage cité plus haut.

TRAITÉ PRATIQUE

DE

PERSPECTIVE

A L'USAGE DE

L'Enseignement primaire, des Écoles primaires supérieures

DES

Ecoles normales, des Etablissements d'Enseignement

secondaire et des Ecoles de dessin

Par Ch. ABRAM

PROFESSEUR AU LYCÉE VICTOR-HUGO ÉT A L'ECOLE
DES BEAUX-ARTS DE BESANÇON

BESANÇON
TYPOGRAPHIE ET LITHOGRAPHIE DELAGRANGE-LOUYS
49, RUE BERSOT, 49

—

1896

NOTE DE L'AUTEUR

Notre livre est destiné surtout aux personnes qui ont besoin de s'initier aux principes de la perspective et qui ont été hors d'état d'entreprendre les études approfondies de Géométrie que cette connaissance suppose dans la plupart des traités. C'est pourquoi nous avons voulu donner un caractère pratique à nos démonstrations. Nous avons réussi à établir notre exposition sur quelques théorèmes peu nombreux, très simples et connus de tous. Nous indiquons au début de notre traité, les termes géométriques et les notions rigoureusement nécessaires pour l'intelligence de nos théories et de nos procédés pratiques. Ainsi nous évitons les démonstrations arides qui rebuteraient le lecteur. Ces notions préliminaires sont suivies des principes les plus simples de la géométrie descriptive, qui permettront de définir le plan et l'élévation des objets.

Les lecteurs qui ont déjà pu faire des études de géométrie pourront parcourir très rapidement cette partie de notre ouvrage.

C. A.

TRAITÉ PRATIQUE

DE

PERSPECTIVE

CHAPITRE Ier

De la Géométrie appliquée à la Perspective.
Définitions. — Volume. — Ligne. — Point. — Surface.
Solides.

---

1. — Le **volume** d'un corps est la portion de l'espace occupée par ce corps.

Un corps a trois dimensions : longueur, largeur et hauteur. Si nous prenons pour exemple un bloc de pierre taillé (fig. 1) que nous désignons par des lettres que nous mettons aux extrémités de toutes ses arêtes, nous voyons que sa longueur sera représentée par la ligne A B ou D C, ou encore G F.

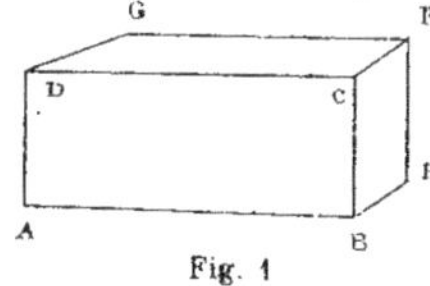

Ces lignes se trouvent à la place où les faces du bloc se coupent 2 à 2. Par exemple, la face D C E G est coupée par la face A B C D et détermine la ligne D C

Cette ligne D C a tous ses points dans la même direction ; c'est une **ligne droite** parce qu'elle est déterminée par l'intersection de 2 surfaces planes.

La définition qu'on en donne le plus souvent est la suivante :

2. — La **ligne droite** est le plus court chemin d'un point à un autre.

La ligne n'a qu'une dimension : la longueur. Elle n'a ni largeur, ni hauteur.

3. — Si nous prenons l'extrémité d'une ligne, nous avons un **point**, A, par exemple, qui n'a aucune dimension.

4. — Une face du bloc qui nous sert d'exemple, **A B C D**, est une **surface**. La surface a 2 dimensions : longueur et largeur.

5. — La **surface est plane** quand on peut appliquer dans tous ses sens une règle bien dressée et qu'elle coïncide dans toutes ses parties.

6. — **Une surface** peut être **courbe**, comme la surface qui termine une sphère, un cône, etc.

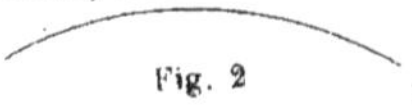

Fig. 2

7. — Une ligne est courbe lorsque tous ses points sont dans une direction différente (fig. 2).

La ligne droite peut avoir plusieurs directions. On a adopté des termes pour désigner ces directions.

On dit qu'une droite est :

8 — **Verticale**, lorsqu'elle suit la direction du fil à plomb (fig. 3).

9. — **Horizontale**, lorsqu'elle suit la direction de l'eau tranquille sur une petite étendue (fig. 5 .

10. — **Oblique**, lorsqu'elle n'est ni verticale, ni horizontale (fig. 4).

11. — Des droites sont **parallèles** entre elles quand elles ne peuvent se rencontrer, quelque loin qu'on les prolonge (fig. 6)

Fig. 3

Fig. 4

Fig. 5

Fig. 6

ANGLES

12. — Lorsque 2 droites se rencontrent, l'intervalle compris entre les lignes, porte le nom d'**angle** (fig. 7). Exemple : A B C représente l'intervalle compris entre A B et B C. On désigne l'angle par les lettres qui désignent les 2 côtés qui forment l'angle, en nommant les 3 lettres de manière que celle qui représente le point de rencontre des 2 droites soit au milieu des 2 autres.

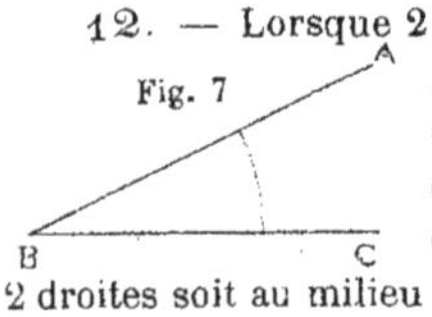

Fig. 7

Ce point de rencontre est le **sommet de l'angle**.

13. — Quand une droite tombe sur une autre en formant 2 angles égaux, ces angles sont appelés des **angles droits**. A C D et D C B par exemple : (fig. 8), et la ligne D C est dite **perpendiculaire** sur A B.

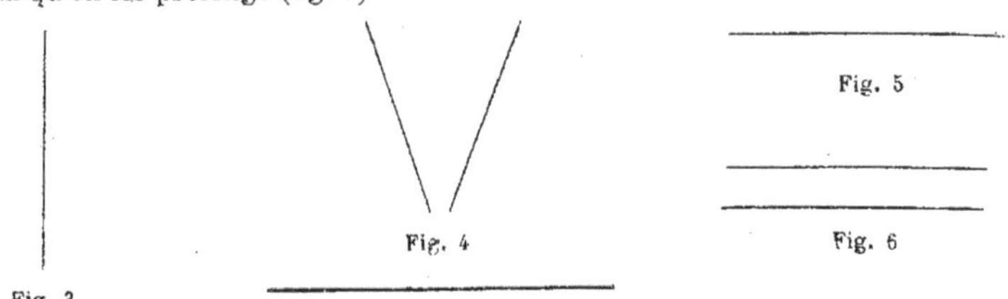

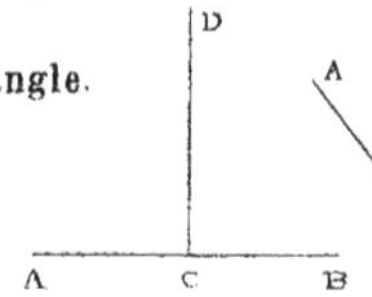

Fig. 8

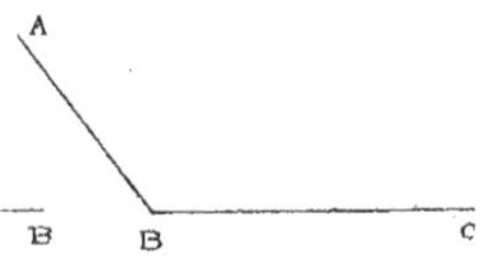

Fig. 9

14. — Un **angle aigu** est plus petit que l'angle droit. Exemple : A B C fig. 7).

15. — Et l'**angle obtus** plus grand. Exemple : A B C (fig. 9).

FIGURES

16. — On donne le nom général de **figure** à toute surface terminée par des lignes.

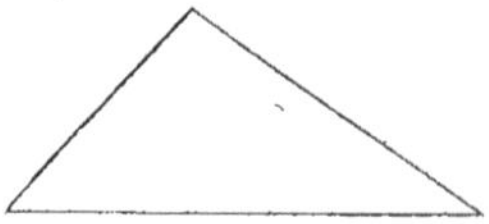

17. — Si ces lignes sont droites, la figure est dite **rectiligne**. Par exemple : la fig. 10.

18. — Si les lignes sont courbes, la figure est **curviligne** (fig. 11).

Fig. 10

19. — Une figure terminée par des lignes droites porte le nom de **polygone**.

Dans un polygone, il y a autant de côté que d'angles.

20. — Le polygone est **régulier** quand tous ses côtés sont égaux entre eux, de même que les angles. Exemple : fig. 12

21. — Il est **irrégulier** quand les côtés et les angles sont inégaux entre eux Exemple : fig. 13.

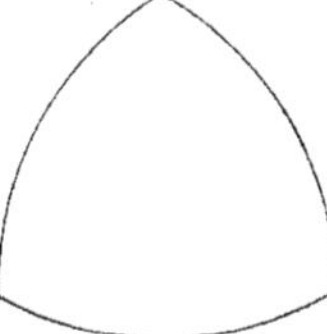  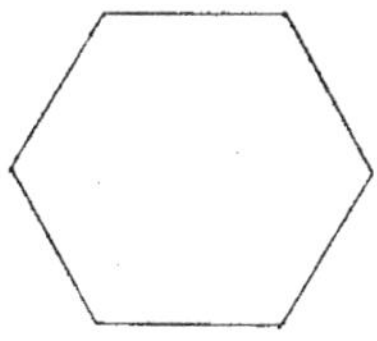 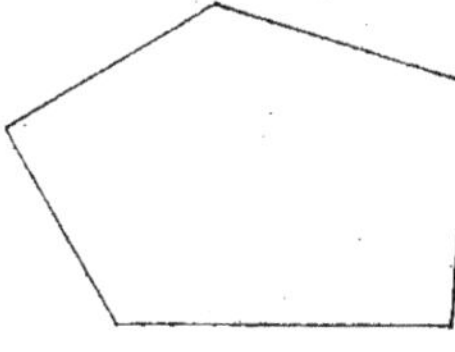

Fig. 11   Fig. 12   Fig. 13

22. — Les polygones se distinguent par le nombre de leurs côtés et certains portent un nom spécial. Ainsi on nomme :

Triangle, le polygone de	3	côtés.
Quadrilatère, le polygone de	4	—
Pentagone, le polygone de	5	—
Hexagone, le polygone de	6	—
Heptagone, le polygone de	7	—
Octogone, le polygone de	8	—
Décagone, le polygone de	10	—
Dodécagone, le polygone de	12	—

Les autres se désignent ordinairement par le nombre de leurs côtés ; ainsi on dit un polygone de 9, de 11, 13, 14, etc , côtés.

TRIANGLES

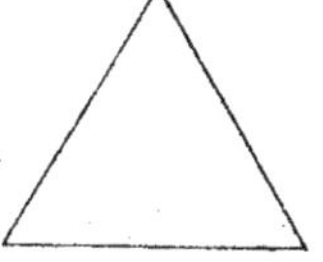

Dans les triangles, on distingue :

23. — Le triangle **équilatéral**, qui a ses 3 côtés égaux (fig. 14).

24. — Le triangle **isocèle** qui a 2 côtés égaux (fig. 15).

25. — Et le triangle **scalène** qui a ses 3 côtés inégaux (fig. 16)

Fig. 14

On remarquera : que les angles sont tous égaux dans le triangle équilatéral ; que 2 sont égaux dans le triangle isocèle et qu'ils sont inégaux dans le triangle scalène.

Que les angles   égaux sont opposés à des côtés égaux.

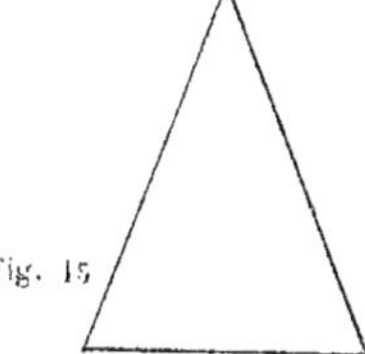 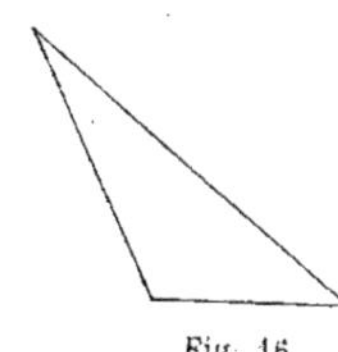 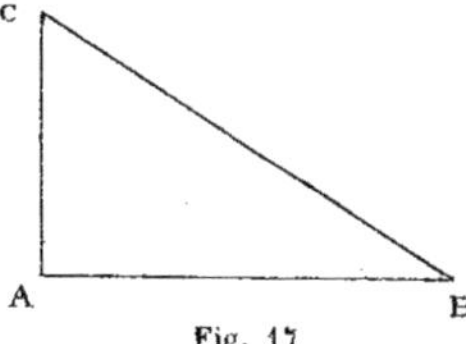

Fig. 15   Fig. 16   Fig. 17

26. — On appelle triangle **rectangle** le triangle qui a un angle droit. Exemple (fig 17).

Le côté opposé à l'angle droit, C B, porte le nom d'**hypoténuse**.

QUADRILATÈRES

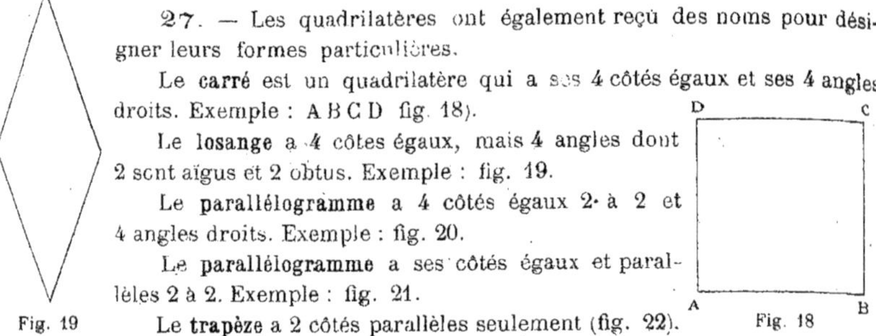

27. — Les quadrilatères ont également reçu des noms pour désigner leurs formes particulières.

Le **carré** est un quadrilatère qui a ses 4 côtés égaux et ses 4 angles droits. Exemple : A B C D fig. 18).

Le **losange** a 4 côtes égaux, mais 4 angles dont 2 sont aïgus et 2 obtus. Exemple : fig. 19.

Le **parallélogramme** a 4 côtés égaux 2· à 2 et 4 angles droits. Exemple : fig. 20.

Le **parallélogramme** a ses côtés égaux et parallèles 2 à 2. Exemple : fig. 21.

Fig. 19   Le **trapèze** a 2 côtés parallèles seulement (fig. 22).

Le **trapèze** est dit **régulier** quand il a 2 angles droits (fig. 23).

Fig. 18

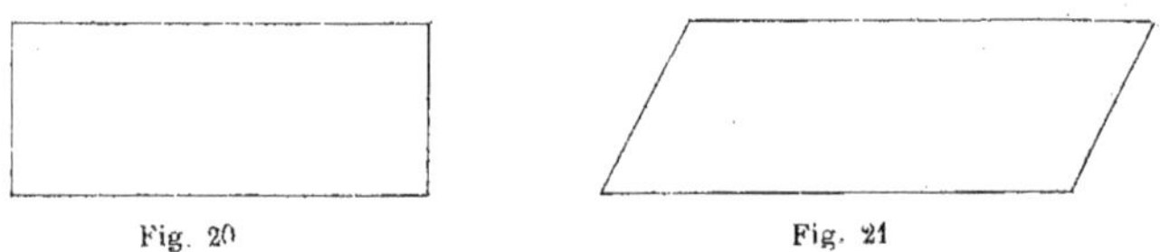

Fig. 20   Fig. 21

Une droite qui va dans un quadrilatère, du sommet d'un angle au sommet de l'angle opposé s'appelle une diagonale. Exemple : A C (fig. 23).

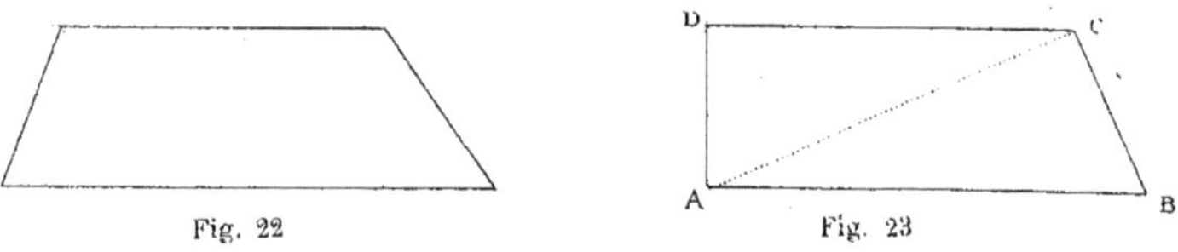

Fig. 22   Fig. 23

CIRCONFÉRENCES

28. — Une circonférence est une ligne courbe dont tous les points sont à égale distance d'un point intérieur appelé centre.

On désigne une circonférence par la lettre placée au centre. Ainsi on dira la circonférence O (fig. 24).

29. — Le **cercle** est la surface comprise dans la circonférence.

30. — Le **rayon** est une droite qui va du centre en un point de la circonférence. Exemple : O A (fig. 24.

31. — La **corde** est une droite qui va d'un point de la circonférence à un autre. Exemple : B C (fig. 24).

32. — La **flèche** est une perpendiculaire élevée du milieu de la corde jusqu'à la circonférence. Exemple : D M (fig. 24.

33 — Si la corde passe par le centre, elle porte le nom de **diamètre**. Dans ce cas elle partage la circonférence en 2 parties égales. Exemple : E F (fig. 24).

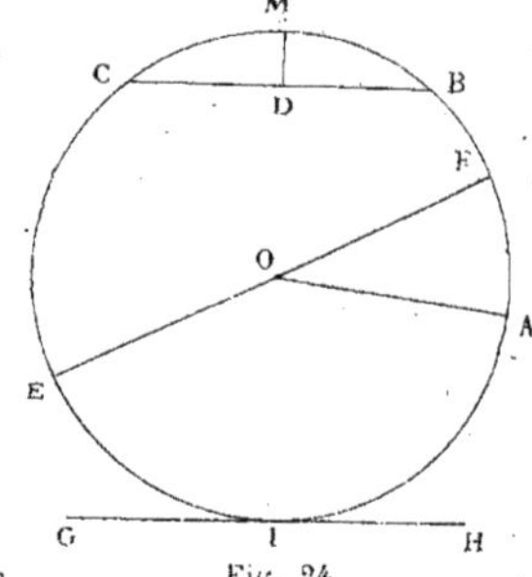

Fig. 24

34. — L'arc est une portion de la circonférence. Exemple : C M B (fig. 24).

35. — Un **segment** est la partie du cercle comprise entre l'arc et la corde qui le sous-tend. Exemple : C M B (fig. 24)

36. — Un **secteur** est la portion du cercle comprise entre un arc et les 2 rayons qui partent de ses extrémités. Exemple : A O F (fig. 24).

37. — Une **tangente** a une circonférence est une droite qui ne touche la circonférence qu'en un point. Exemple : G H, qui touche la circonférence au point I (fig. 24).

38. — Deux circonférences sont dites **concentriques** quand elles ont le même centre. Exemple : les 2 circonférences O (fig. 25).

39. — Deux circonférences sont **tangentes** intérieurement (fig. 27, ou extérieurement (fig. 26), lorsqu'elles ont un point de commun.

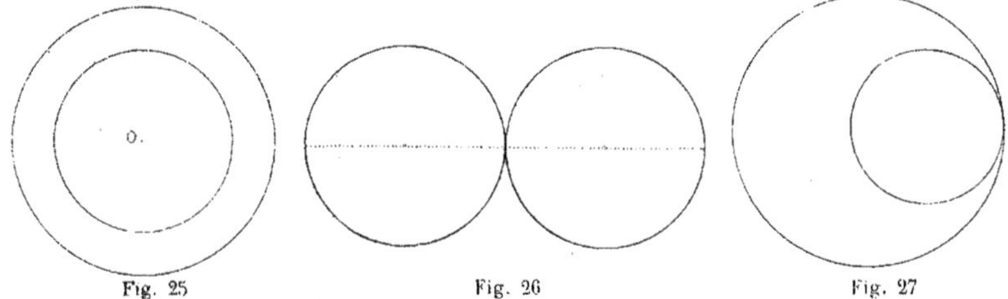

Fig. 25   Fig. 26   Fig. 27

40. — Une circonférence est dite **inscrite** dans un polygone quand tous les côtés du polygone sont des tangentes à la circonférence. Exemple : fig. 28 où la circonférence O est inscrite dans le carré A B C D.

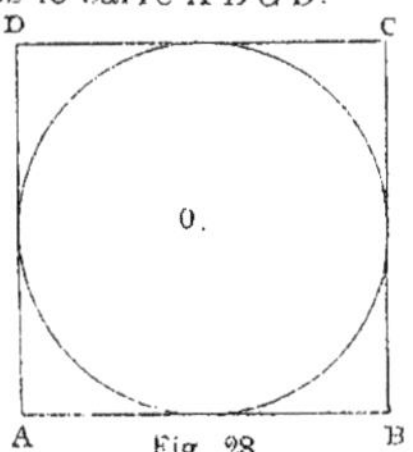

Fig. 28

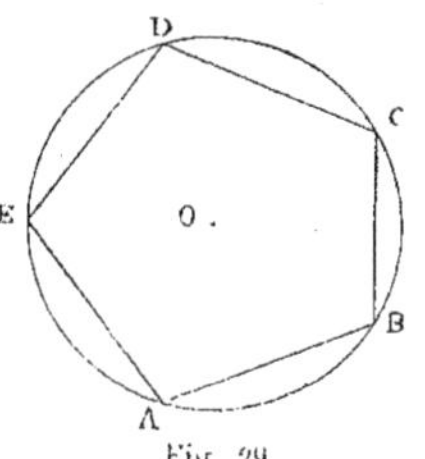

Fig. 29

41. — Une circonférence est **circonscrite** à un polygone quand elle passe par tous les sommets du polygone. Exemple : fig. 29. La circonférence O est circonscrite au polygone A B C D E.

POLYÈDRES

42. — On appelle **polyèdres** les corps à 3 dimensions. Ils sont terminés de toute part par des plans qui se coupent 2 à 2.

43. — Un angle dièdre est formé par 2 plans qui se coupent. Exemple : l'espace compris entre les 2 plans A B C D et C D E F est un angle dièdre (fig. 30).

La ligne C D en est l'arête.

44. — Si les 2 premiers plans sont coupés par un A. B C F G, l'espace compris entre les 3 plans sera appelé **angle trièdre.**

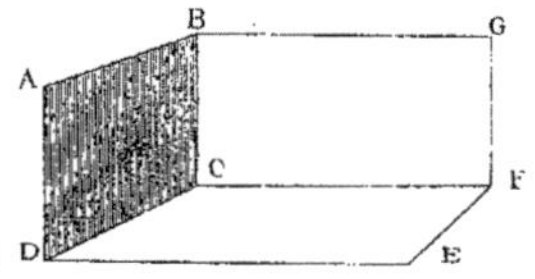

Fig. 30

Dans cet angle il y a un sommet C, 3 arêtes : C D, C B et C F et trois angles plans B C D, B C F et F C D, qu'on appelle les faces de l'angle trièdre.

45. — Il peut se faire que 4, 5 etc. plans viennent se rencontrer au même point, comme au sommet d'une pyramide par exemple. Dans ce cas les angles portent le nom d'**angles polyèdres**.

46. — On distingue les polyèdres par le nombre de leurs faces.

On appelle :

Tétraèdre	un polyèdre qui a	4	faces.
Pentaèdre	—	5	—
Hexaèdre	—	6	—
Octaèdre	—	8	—
Dodécaèdre	—	12	—
Icosaèdre	—	20	—

Les autres polyèdres se désignent par le nombre de leurs faces. On dit : un polyèdre de 10, 15, 17, etc. faces

47. — Un **polyèdre régulier** est celui dont les faces sont des polygones réguliers égaux et dont les angles polyèdres sont égaux entre eux

Certains polyèdres ont reçu des noms particuliers.

48. — On nomme **prisme** un polyèdre dont les faces latérales sont des parallélogrammes qui se terminent par 2 polygones égaux qui sont les bases du prisme. Exemple : fig. 31.

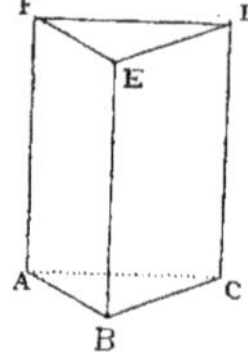
Fig. 31

Ces bases sont parallèles et la distance comprise entre elles est la **hauteur** du prisme.

49. — Un prisme est **triangulaire, quadrangulaire, pentagonal.** etc., quand la base est un polygone de 3, 4, 5., etc. côtés.

50. — Un **prisme** est **droit** quand ses arêtes latérales sont perpendiculaires aux plans des bases.

51. — Enfin le **prisme** est dit **régulier** quand il est droit et que ses bases sont des polygones réguliers.

52. — Si l'on coupe un prisme par un plan non parallèle au plan des bases, on obtient **2 troncs de prisme** ou **2 prismes tronqués**. Exemp. fig. 32.

53. — On appelle **pyramide** un polyèdre composé de faces triangulaires partant du même point qu'on nomme le **sommet** de la pyramide et qui se terminent aux différents côtés d'un polygone qui en est la base. Exemple : fig. 33.

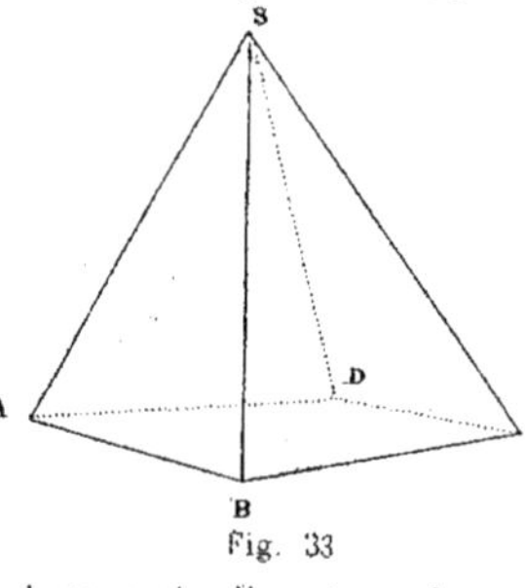
Fig. 33

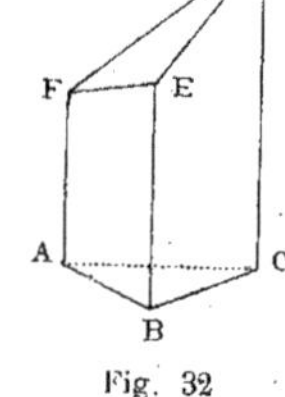
Fig. 32

La pyramide est **triangulaire, quadrangulaire** pentagonale, etc., si la base est un triangle, un quadrilatère, un pentagone, etc.

Une **pyramide** est **régulière** quand la base est un polygone régulier et que la perpendiculaire abaissée du sommet tombe au centre de la base.

54. — Si l'on coupe une pyramide par un plan qui rencontre toutes les arêtes latérales, la portion du bas est un **tronc de pyramide**. Exemple : fig. 34.

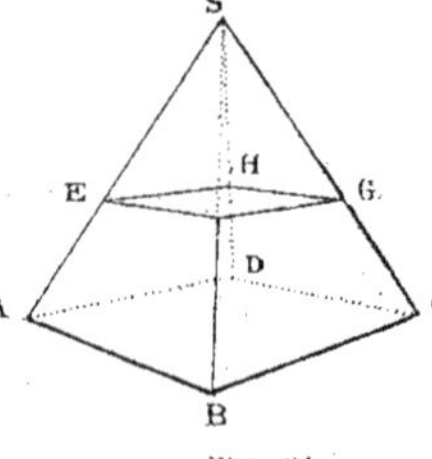
Fig. 34

CORPS RONDS

On nomme corps ronds un ensemble de 3 solides à surfaces courbes, qui sont :
Le **Cylindre**, le **Cône** et la **Sphère**.

On les appelle encore solides de révolution parce qu'ils sont engendrés par la rotation des 3 figures : rectangle, triangle équilatéral et demi-circonférence, autour d'un de leurs côtés.

55. — Le rectangle A B C D (fig. 35) tournant autour de A B comme axe donne le cylindre.

56. — Le triangle rectangle A B C tournant autour d'un des côtés de l'angle droit, B C, donne le cône fig. 36.

57. — Enfin la demi-circonférence A C B, tournant autour de A B détermine la sphère (fig. 37).

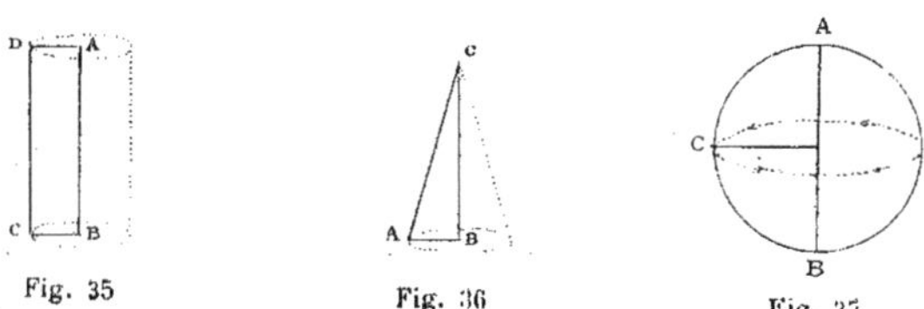

Fig. 35   Fig. 36   Fig. 37

Les 3 droites autour desquelles tournent le rectangle, le triangle et la demi-circonférence sont les **axes** de ces corps ronds.

CHAPITRE II

Théorêmes de Géométrie sur lesquels on s'appuie
pour l'étude de la perspective.

---

58. — On nomme **axiome** une vérité évidente par elle-même, comme par exemple : La ligne droite est le plus court chemin d'un point à un autre.

59. — Un **théorême** est une vérité également évidente, mais qui a besoin d'une démonstration.

Les démonstrations des théorèmes que nous allons donner pourront s'obtenir d'une façon expérimentale.

Théorême.

60. — Quand 2 droites parallèles sont coupées par une transversale, comme les lignes A B et C D par la droite E F, on obtient 8 angles, dont 4 aïgus égaux, et 4 obtus également égaux entre eux (fig. 38).

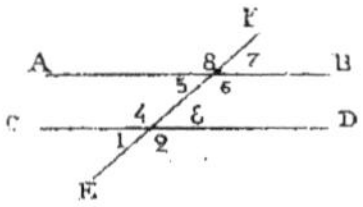

Ces angles, d'après leurs positions respectives portent des noms que nous allons indiquer. On dit que :

L'angle 1 == l'angle 3 comme **opposés par le sommet**. Il en est de même de 5 == 7 ; 6 == 8 et 4 == 2.

1 == 5 comme **correspondants**.

De même 4 == 8 ; 6 == 2 ; 3 == 7 pour le même motif.

4 == 6 et 3 == 5 comme **alternes-internes**.

8 == 2 et 1 == 7 comme **alternes-externes**.

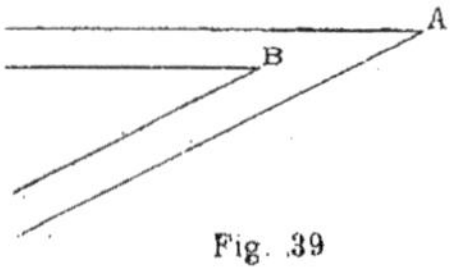

Fig. 38

Fig. 39

Théorême.

61. — Les angles qui ont les côtés parallèles et dirigés dans le même sens sont égaux Exemple : l'angle A == B (fig. 39).

Théorême.

62. — Lorsqu'un angle a son sommet au centre de la circonférence, il a pour mesure l'arc compris entre ses côtés.

Exemple : L'angle B O D a pour mesure l'arc D B (fig. 40).

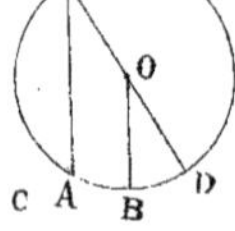

Fig. 40

Théorême.

63. — Lorsqu'un angle a son sommet sur la circconférence, il a pour mesure la moitié de l'arc compris entre ses côtés.

Exemple : l'arc A C D a pour mesure la moitié de A D (fig. 41).

REMARQUE TRÈS IMPORTANTE — Si un angle a son sommet sur la circonférence et que lès 2 côtés se terminent aux extrémités du diamètre, cet angle sera droit, puisqu'il aura pour mesure un quart de circonférence.

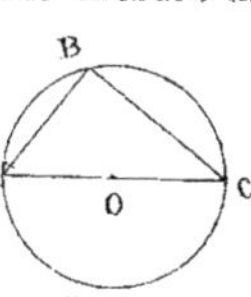

Fig. 41

Théorême.

64. — Dans tout triangle, les côtés opposés aux angles égaux sont égaux, et réciproquement.

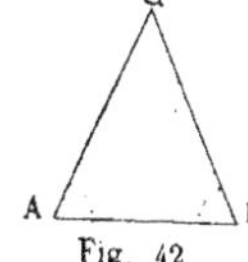

Fig. 42

Exemple : Dans le triangle isocèle A B C (fig. 42), lès côtés A C et C B étant égaux, les angles A et B opposés à ces angles seront aussi égaux.

Et réciproquement : Si 2 angles A et B (fig. 42) sont égaux dans un triangle, les côtés opposés A C et C B seront aussi égaux.

Théorême.

65. — Deux triangles sont égaux lorsqu'ils ont les 3 côtés égaux chacun à chacun.

Théorême.

66. — Deux triangles sont égaux lorsqu'ils ont un angle égal compris entre côtés égaux chacun à chacun.

Théorême.

67. — Deux triangles sont égaux lorsqu'ils ont un côté égal adjacent à 2 angles égaux chacun à chacun.

Théorême.

68. — Deux triangles rectangles sont égaux lorsqu'ils ont l'hypoténuse égale et un autre côté égal.

Théorême.

69. — Deux triangles rectangles sont égaux lorsqu'ils ont l'hypoténuse égale et un angle aigu égal.

Théorême.

70. — Deux triangles rectangles sont égaux lorsqu'ils ont un angle aigu égal ainsi qu'un des côtés de l'angle droit.

On pourra s'assurer de l'exactitude de ces propositions au moyen de simples superpositions.

Théorême.

71. — Dans tout parallélogramme, les côtés opposés sont égaux ; ou ce qui revient au même :

Les portions de parallèles comprises entre parallèles sont égales.

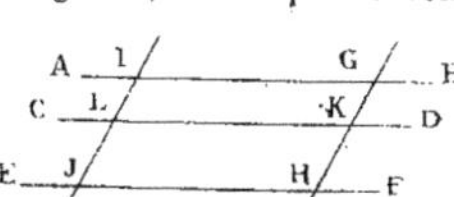

Exemple : (fig. 43). J H = L K = 1 G ; I L = G K et L J = K H.

Fig. 43

Théorème.

72. — Deux polygones sont semblables quand ils ont la même forme sans avoir la même grandeur. Ainsi un petit carré est semblable à un carré plus grand.

Quand 2 polygones sont semblables, ils ont les angles égaux et les côtés homologues proportionnels.

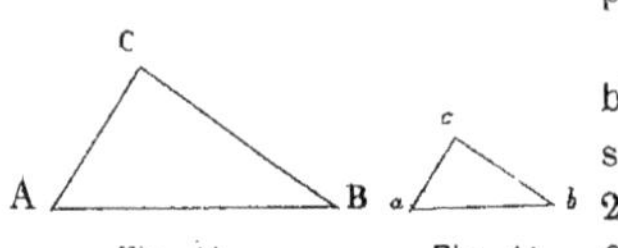

Exemple : Les 2 triangles $a\,b\,c$ et A B C étant semblables, les angles $a = $ A ; $b = $ B ; $c = $ C. Les côtés sont proportionnels, c'est-à-dire que si $a\,b$ est contenu 2 fois dans A B, $b\,c$ sera contenu 2 fois dans B C et $c\,a$ 2 fois dans C A (fig. 44). Si $a\,b$ était contenu 2 fois 1/2 dans A B, les 2 deux autres côtés seraient contenus 2 fois 1/2 dans les 2 autres côtés homologues du grand triangle.

Théorème.

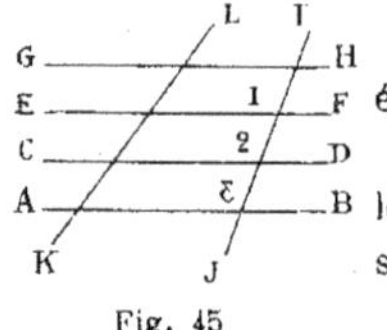

73. — Les parallèles également distantes coupent en parties égales toute droite qui les traverse (fig. 45).

Exemple : La ligne I J coupant 4 parallèles également espacées, les portions 1, 2, 3 de cette droite, comprises entre les parallèles, seront égales entre elles.

Il en est de même des portions de K L.

Théorème.

74. — Si 3 parallèles inégalement distantes sont rencontrées par 2 droites, les portions de la 1ʳᵉ droite comprises entre les parallèles seront proportionnelles aux portions de la seconde.

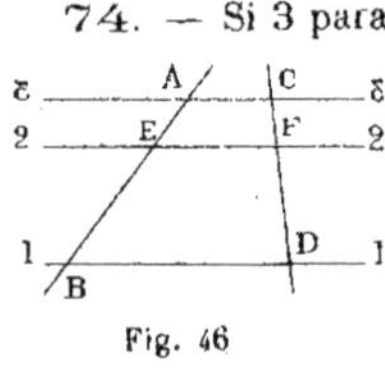

(Fig. 46). Exemple : A E étant contenu 2 ou 3 fois dans E B, C F sera contenu aussi 2 ou 3 fois dans F D. Ou encore A E étant égal à C F plus une fraction, E B sera de même égal à F D plus la même fraction.

Théorème.

75. — Toute parallèle à la base d'un triangle divise les 2 côtés en parties proportionnelles.

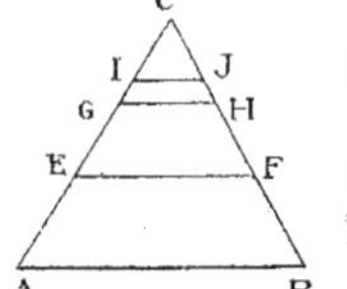

Ou bien : Les parallèles à la base d'un triangle forment de nouveaux triangles semblables au premier.

Exemple : Le triangle A B C (fig. 47) étant coupé par les lignes E F, G H et I J, parallèles à sa base A B, les nouveaux triangles E F C, G H C et I J C seront semblables au triangle A B C.

Le rapport qui existe entre les lignes C A et A B dans le triangle A B C sera le même que le rapport des 2 lignes C E et E F dans le triangle E F C, ou encore que le rapport des 2 lignes C G et G H dans le triangle G H C, etc. Il en serait de même des rapports des autres lignes entre elles dans les différents triangles.

Théorème.

76. — Par un point pris entre 2 parallèles, si on fait passer 2 droites, elles déterminent 2 triangles semblables.

Exemple   Si par le point O (fig. 48) je fais passer E F et G H entre les parallèles A B et C D, j'obtiendrai 2 triangles semblables E O H et G O F.

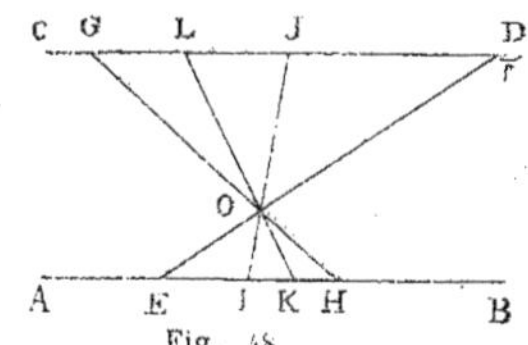

Fig. 48

Par le milieu I de E H si je fais passer la ligne I O, cette droite prolongée coupera G F en 2 parties égales. Si je prenais K au 1/4 de E H, la ligne K O couperait G F au point L qui serait le 1/4 de G F.

Cette propriété aura une grande application pour les points de distance réduits et pour la méthode des 3 échelles.

CHAPITRE III

DU DESSIN GÉOMÉTRAL

Pour obtenir la perspective d'un objet, on est obligé, dans presque tous les cas, de se servir de ses projections.

Voyons d'abord comment on les obtient et ce qu'elles représentent.

Le dessin géométral d'un objet est une manière conventionnelle de le représenter qui permet de se rendre compte, d'une façon mathématique, de toutes ses dimensions. C'est la méthode de dessin qu'emploient ordinairement les architectes, les ingénieurs, etc., pour leurs travaux.

Les dessins qu'ils obtiennent ne représentent pas l'objet tel que l'œil le perçoit. Nous allons nous en rendre compte par l'exemple suivant.

Supposons qu'on ait à représenter un cube en dessin géométral.

Nous plaçons d'abord le cube dans un angle dièdre formé par un plan vertical et un plan horizontal (fig. 49).

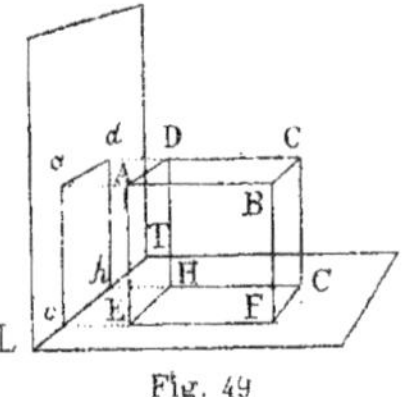

Fig. 49

77. — De chacun des points du cube nous abaissons sur le plan horizontal des perpendiculaires. La figure que nous obtenons sur ce plan est la **projection horizontale** du cube ou son **plan.**

Dans l'exemple choisi cette figure sera évidemment un carré.

78. — De chacun des points du cube nous abaissons également des perpendiculaires sur le plan vertical.

La figure que nous obtenons sur ce plan est la **projection verticale** du cube ou son **élévation.**

Dans l'exemple indiqué, c'est également un carré que nous venons d'obtenir.

Au lieu de laisser le plan vertical perpendiculaire au plan horizontal, si nous le faisons tourner autour de L T de manière qu'il fasse suite au plan horizontal, les 2 projections que nous avons obtenues donneront la fig. 50, en supposant que les 2 plans sont placés en face de nous. C'est le géométral du cube, c'est-à-dire sa projection verticale et sa projection horizontale.

Quelques exemples nous permettront de nous assurer que cette manière de représenter un objet nous donne tous les renseignements relatifs à sa forme et à ses dimensions.

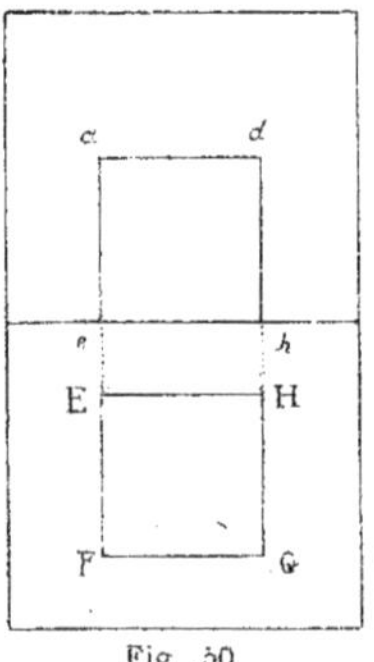

Fig. 50

79. — **Projections d'une ligne droite parallèle aux deux plans.**

Soit à déterminer les projections d'une droite A B (fig. 51) parallèle aux 2 plans.

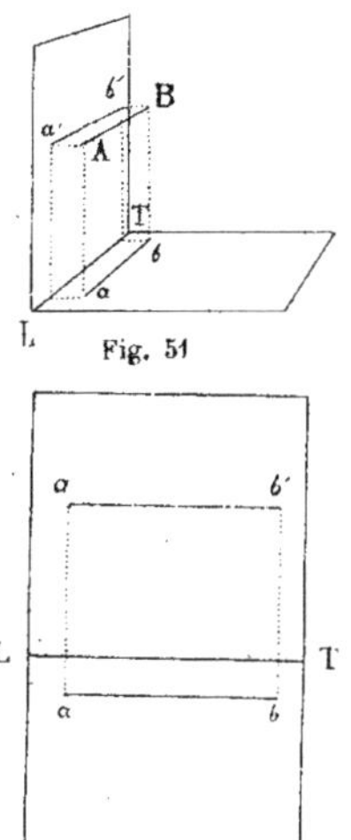

Fig. 51

Si nous abaissons de chacun des points de cette ligne des perpendiculaires sur les 2 plans, nous voyons que la figure obtenue par la ligne A B, sa projection verticale a' b' et les perpendiculaires A a', B b' qui ont donné cette projection est un rectangle a' A B b'.

La ligne a' b' est donc égale à A B. Elle est aussi parallèle à la ligne de terre L T qui sépare les deux plans.

Si cette ligne A B n'était pas parallèle au plan horizontal, les distances de a' et de b' à la ligne de terre ne seraient pas les mêmes, et parconséquent a' b' ne serait pas parallele à L T.

Ainsi nous faisons cette remarque (fig. 52), que lorsque la projection d'une droite sur le plan vertical, est parallèle à la ligne de terre, c'est que cette ligne est parallèle au plan horizontal.

On fera de même cette deuxième remarque : que lorsque, dans le plan horizontal, la projection est parallèle à la ligne de terre, la ligne dont on a fait les projections était parallèle au plan vertical.

Dans chacun de ces cas, la véritable grandeur de la ligne est donnée par les 2 projections.

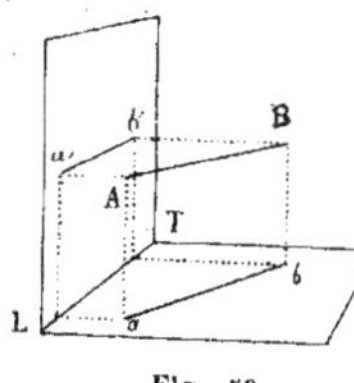

Fig. 52

Nous voyons que les projections d'un point sont toujours, dans les 2 plans, sur une même ligne perpendiculaire à la ligne de terre.

80. — **Projection d'une droite oblique au plan vertical et parallèle au plan horizontal.**

Soit la droite A B (fig. 53) parallèle au plan horizontal et oblique par rapport au plan vertical.

A vue de la figure, nous remarquons que la projection horizontale est oblique par rapport à la ligne de terre, mais donne la véritable grandeur de A B la figure A B b a étant un rectangle.

Que la projection verticale est parallèle à la ligne de terre, mais plus petite que la véritable grandeur de A B.

Nous nous rappellerons donc (fig. 54) que : *Lorsqu'une ligne est parallèle à la ligne de terre dans la projection verticale, sa véritable grandeur est donnée par la projection horizontale.*

Traçons une ligne parallèle au plan vertical et oblique par rapport au plan horizontal, nous remarquerons de la même manière (fig. 55 et 56).

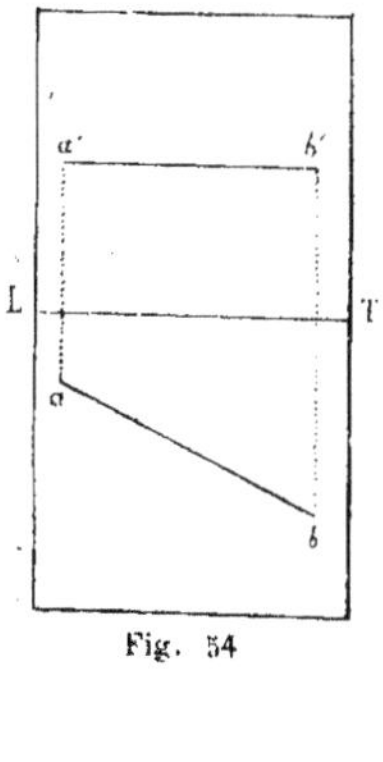

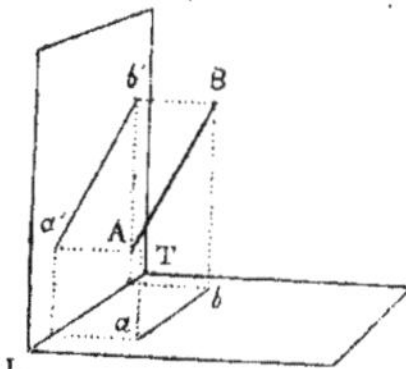

Fig. 53

Fig. 55

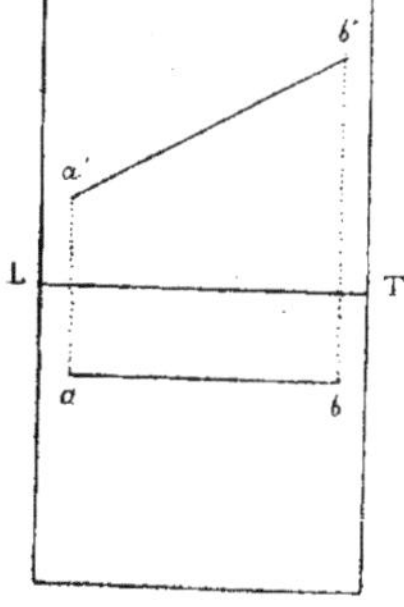

Fig. 54

Fig 56

*Que lorsqu'une ligne est parallèle à sa ligne de terre dans sa projection horizontale,
la véritable grandeur est donnée par la projection verticale.*

81. — Projection d'une ligne oblique aux 2 plans.

Soit la ligne A B (fig. 57) oblique aux 2 plans. Nous voyons que les projections sont
toutes 2 obliques par rapport à la ligne de terre et qu'aucune ne donne la véritable grandeur de A B.

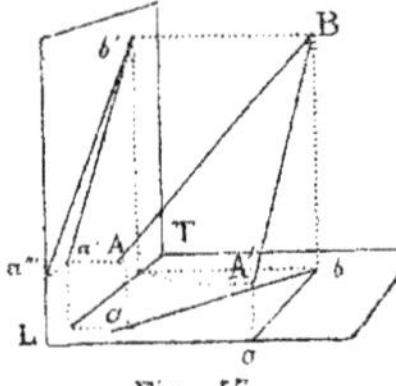

Fig. 57

Voyons comment il nous sera possible de retrouver cette
véritable grandeur, étant données les projections $a b$ et $a' b'$ de
la fig. 58.

Pour cela, nous cherchons à ramener ce cas aux précédents
Nous procéderons ainsi :

Supposant le point B (fig. 57) immobile, nous faisons tourner la ligne B A de manière à la mettre parallèle au plan vertical, en conservant toujours au point A la même hauteur par
rapport au plan horizontal. La projection horizontale devient
alors $a'' b$, parallèle à la ligne de terre.

La projection verticale du point B n'a pas changé, ce point
étant resté fixe, mais il n'en est pas de même du point A. Ce
point a tourné, mais en conservant toujours sa même hauteur
par rapport au plan horizontal. Il se trouvera donc sur une
parallèle à la ligne de terre passant par a', sa première projection, et sur la perpendiculaire à la ligne de terre partant de a'' sa
nouvelle projection horizontale.

Pour obtenir la véritable grandeur de la ligne projetée
(fig. 58), nous n'avons donc qu'à décrire un arc de cercle du point
b comme centre, avec $a b$ comme rayon.

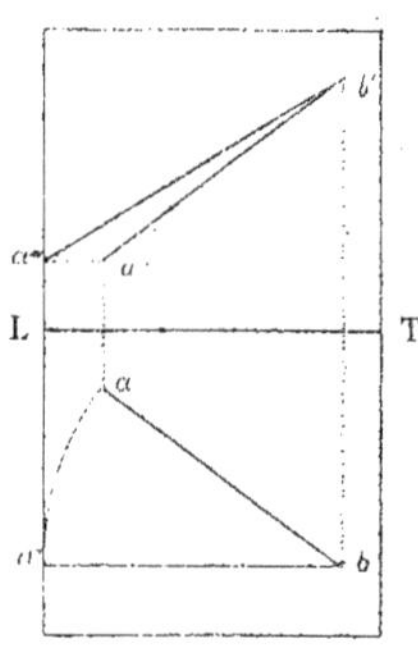

Fig. 58

A faire passer par b une parallèle à la ligne de terre jusqu'à
l'arc $a a''$.

A élever du point a'' une perpendiculaire à la ligne de terre que nous prolongerons
jusqu'à la parallèle à la ligne de terre que nous faisons passer par a', et nous obtenons le
point a''' qui est la projection verticale de A.

Le point b' n'ayant pas changé, la projection verticale sera $a''' b'$ et représentera la
véritable grandeur de la ligne projetée, puisque la projection horizontale $a'' b$ est parallèle à la ligne de terre.

PROJECTIONS DES SOLIDES

La projection des solides se composant de la projection d'un certain nombre de lignes,
il nous sera facile de les obtenir.

Nous en donnerons quelques-unes et nous examinerons quelques cas particuliers
avec les procédés qu'ils exigent.

82. — Projection d'un prisme régulier droit, reposant sur le plan horizontal.

La projection horizontale sera évidemment un hexagone régulier A B C D E F (fig. 59).

Chacune des arêtes latérales du prisme étant perpendiculaire au plan horizontal, la
projection de chacune d'elles sera un point.

Le prisme reposant sur le plan horizontal, la projection de sa base se confondra avec la ligne de terre dans la projection verticale.

Les arêtes latérales seront perpendiculaires à la ligne de terre. Nous n'avons donc qu'à donner à ces arêtes la hauteur du prisme et nous aurons la projection cherchée : $a\,b\,f\,c\,e\,d\,d'\,e'\,c'\,f'\,b'\,a'$.

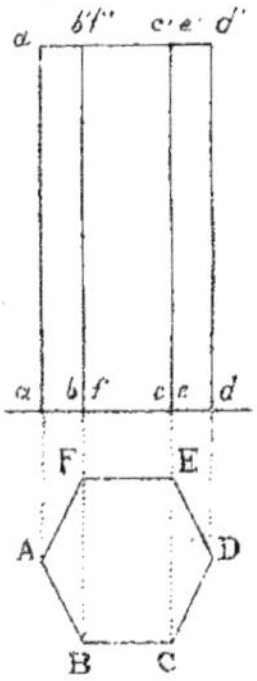

Il faut remarquer que dans un solide plein, toutes les arêtes n'étant pas visibles à la fois, on est convenu d'indiquer en lignes pleines, sur le plan vertical, les arêtes visibles par le spectateur qui serait placé en avant du solide par rapport à ce plan. Dans notre exemple, les arêtes visibles seront celles partant de A, B, C, D.

On indique en lignes pointillées les arêtes qui ne sont pas visibles parconséquent les arêtes partant de E et F.

Dans le plan horizontal, on indique en lignes pleines les arêtes visibles par le spectateur placé au-dessus du solide.

Dans le prisme que nous avons choisi, le spectateur voit les arêtes de la base supérieure qui se confondent avec celles de la base inférieure.

On n'a donc aucune ligne à indiquer en pointillé dans le cas qui nous occupe.

Fig. 59

83. — Projections d'une pyramide, d'un cylindre, d'un cône.

D'après ce que nous venons de voir, il ne sera pas nécessaire d'indiquer la manière de représenter ces solides (fig. 60, 61, 62 et 63). Une simple inspection de ces figures dispense de toute explication.

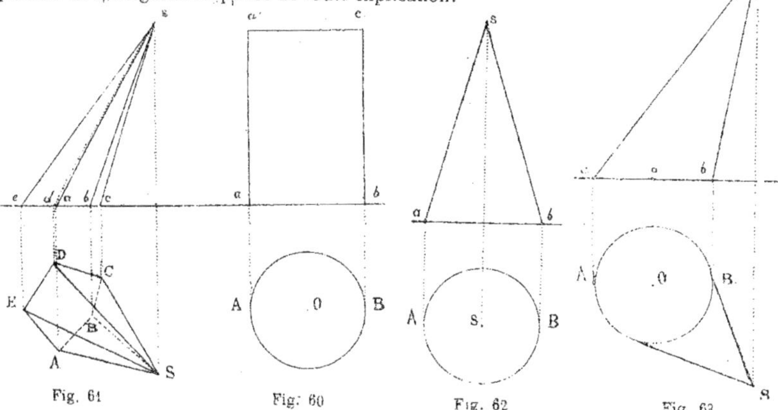

Fig. 61   Fig. 60   Fig. 62   Fig. 63

Nous passerons maintenant de ces cas simples à des exemples qui ne permettent pas d'obtenir directement les projections demandées d'un solide ; où ces projections ne peuvent être obtenues qu'après 2 ou 3 autres, tel est le cas suivant :

84. — Projections d'un prisme tronqué.

La section sera représentée de façon à être vue sur la projection verticale.

Pour obtenir cette projection verticale, nous faisons d'abord les projections du prisme, la section étant représentée perpendiculairement au plan vertical, parconséquent n'étant qu'une ligne qui coupe les arêtes latérales aux points A', B', E', C', E', D' (fig. 64).

Si nous voulons avoir la section vue directement par le spectateur sur le plan vertical, nous placerons le point A en avant de la projection horizontale (fig. 65) La projection verticale du prisme entier s'obtient comme précédemment, et sur chacune des arêtes nous trouvons le point de section en menant des parallèles à la ligne de terre par les points A' B, C', etc., ces points n'ayant pas changé de hauteur dans le mouvement de rotation que nous avons imprimé au solide. Nous obtenons donc, comme projection verticale la fig. F E A D B C B' C' D' E' F' A'.

Supposons que nous désirions déterminer ce même solide ne reposant pas entièrement par sa base, sur le plan horizontal, mais seulement sur l'arête B C, de façon que la face latérale partant de B C fasse avec le plan horizontal un angle donné.

La projection de cette arête est une ligne sur le plan vertical ; mais cette ligne B C B' C', par suite du changement de position que nous voulons donner au solide, formera l'angle donné avec la ligne de terre (fig. 66). Il en sera de même des autres parties de la projection verticale qui ne change pas de forme, mais de position. Nous n'avons donc qu'à construire sur B C B' C' la même projection que dans la fig. 65. Cette projection verticale nous permettra de trouver la nouvelle projection horizontale.

Dans le mouvement que nous venons d'imprimer au prisme, la distance de chaque point au plan vertical n'a pas changé.

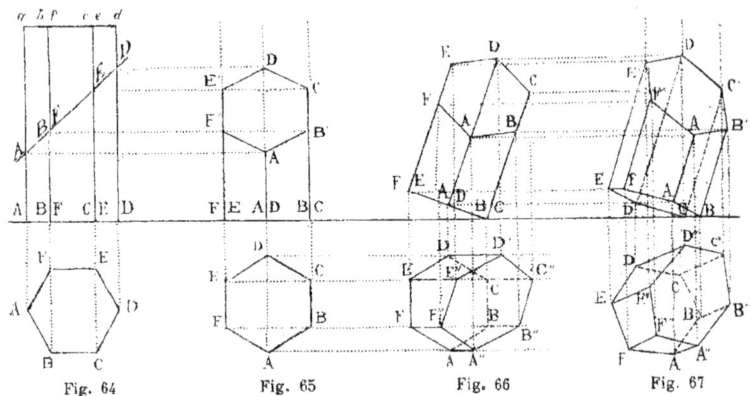

Fig. 64   Fig. 65   Fig. 66   Fig. 67

Ces points se trouveront donc sur des lignes parallèles à la ligne de terre passant par A, B, C, D, E, F et sur des perpendiculaires à la ligne de terre partant des extrémités des arêtes de la nouvelle projection. Nous obtenons donc la projection horizontale A B C D E F A" B" C" D" E" F".

Si nous désirons que l'arête B C, au lieu d'être perpendiculaire à la ligne de terre, soit oblique par rapport à cette ligne, qu'elle fasse un angle de 75° par exemple, nous aurons toujours la même figure pour la projection horizontale (fig. 67). C'est seulement la position des lignes qui aura changé par rapport à la ligne de terre.

Nous allons maintenant déterminer la nouvelle projection verticale.

Tous les points de cette projection se trouveront sur des perpendiculaires à la ligne de terre partant des différents points de la nouvelle projection horizontale (fig. 67) et en même temps sur des parallèles passant par les différents points de la projection verticale précédente (fig. 66) puisque la hauteur de ces points n'a pas changé.

Les intersections de ces lignes nous donneront les extrémités des arêtes de la projection verticale cherchée.

Par cet exemple et quelques autres que nous allons choisir, il nous sera facile de nous rendre compte de la méthode à suivre pour obtenir les projections d'un solide dans toutes ses positions.

85. — Projections d'un cube reposant sur l'extrémité de la diagonale du cube, de façon que cette diagonale soit perpendiculaire au plan horizontal.

Nous représentons d'abord le cube reposant sur le plan horizontal, de manière que la diagonale A C se projette sur le plan horizontal suivant une parallèle à la ligne de terre (fig. 68).

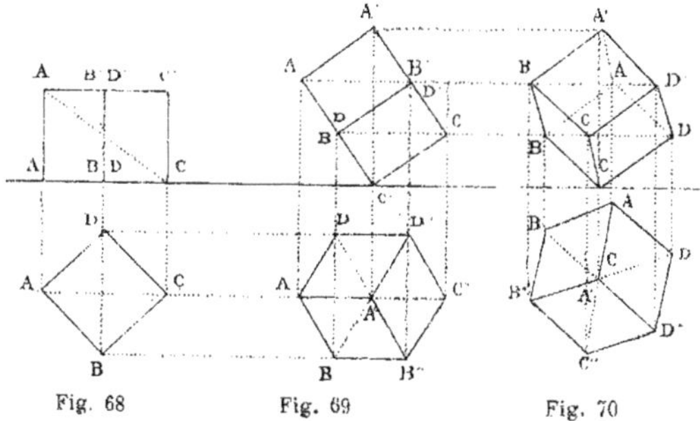

Fig. 68   Fig. 69   Fig. 70

Nous faisons ensuite subir un mouvement au cube pour qu'il repose sur C et que la diagonale A' C soit dans la position voulue. Nous avons fait mouvoir A C et les points A et C' dans un plan parallèle au plan vertical.

La distance de chacun des points de la projection horizontale sera toujours la même par rapport à la ligne de terre, et la projection verticale changera de position mais non de forme (fig. 69).

Cette projection verticale nous permettra de retrouver la projection horizontale dans la position demandée.

La distance de chacun des points étant la même jusqu'au plan vertical, nous trouvons les points de la projection horizontale aux intersections des perpendiculaires à la ligne de terre partant de la projection verticale (fig. 69) et des parallèles à la ligne de terre partant de la première projection horizontale (fig. 68), ce qui nous donne la figure A B C D A" B" C" D".

Si nous désirons que le cube ait une autre position par rapport au plan vertical, nous ferons subir à la projection horizontale le mouvement de rotation qui nous conviendra (par exemple fig 70), ce qui ne modifie point sa forme et ce qui nous permettra de retrouver la nouvelle projection verticale (fig. 70) dont les hauteurs des points n'ont pas changé.

86. — Projections d'un cylindre tronqué, la section vue de face, le cylindre étant incliné par rapport au plan horizontal, etc..

Nous supposons le cylindre entier pour faire la section E F perpendiculairement au plan vertical dans la projection verticale (fig. 71).

Nous supposons ensuite la projection horizontale inscrite dans un carré A B C D, dans lequel nous faisons passer des diagonales et des lignes passant par les milieux des côtés.

Ces lignes déterminent 8 points de la circonférence que nous pouvons considérer comme des projections de verticales placées autour du cylindre et dont nous retrouvons les projections dans le plan vertical.

Ces verticales sont coupées par la section E F à des hauteurs déterminées 1', 2', 3', 4', 5', 6', 7', 8'.

Pour obtenir la section visible dans la projection verticale, nous faisons tourner la projection horizontale de manière que le point le plus bas de la section, 1', soit en avant, puis nous faisons la projection de chacune des verticales passant par 1, 2, 3, etc. (fig. 72).

La hauteur des points de section n'ayant pas changé, nous les retrouvons dans la nouvelle projection verticale fig. 72) en faisant passer par 1', 2', 3', etc , de la première des parallèles à la ligne de terre.

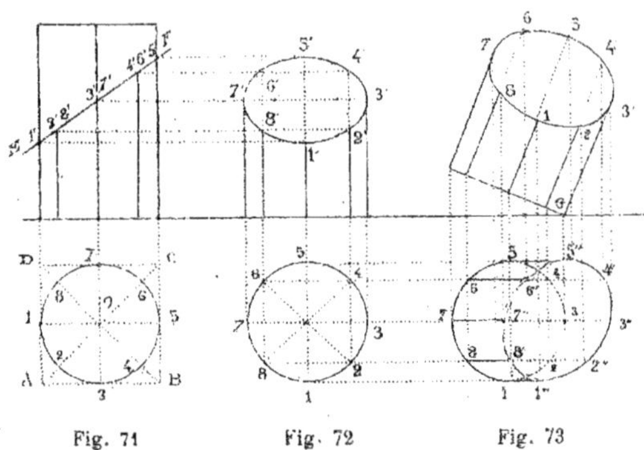

Fig. 71   Fig. 72   Fig. 73

Nous avons ainsi 8 points de la circonférence que nous n'avons plus qu'à joindre au moyen d'une courbe, ce qui nous donne une ellipse.

Si nous voulons représenter le cylindre tronqué incliné par rapport au plan horizontal, nous ferons subir à ce solide un mouvement parallèle au plan vertical (fig. 73). il ne repose alors que sur un point G, mais sa forme n'est pas changée dans la projection verticale.

Nous retrouvons la nouvelle projection horizontale en abaissant des perpendiculaires à la ligne de terre des différents points de notre nouvelle figure et en faisant passer des parallèles à la ligne de terre par les points de la projection horizontale (fig. 72).

D'après le mouvement que nous avons imprimé au solide, ces points sont toujours à la même distance du plan vertical et par conséquent se trouveront aux intersections des perpendiculaires et des parallèles tracées. Cela nous donne la projection horizontale 1, 2, 3, 4, 5, 6, 7, 8, 1", 2", 3", 4", 5", 6", 7", 8".

87. — Projection d'un cône tronqué.

Dans ce cas, comme dans le précédent, nous inscrivons la circonférence de la projection horizontale dans un carré A B C D (fig. 74).

Les 8 points 1, 2, 3, 4, 5, 6, 7, 8 reliés à la projection S du sommet, donneront les projections horizontales des droites qui, dans la projection verticale, partent de 1, 2, 3, etc., et vont se réunir en S'.

La section E F, perpendiculaire au plan vertical coupera ces 8 droites aux points 1', 2', 3', 4', 5', 6, 7, 8'.

Nous retrouvons la projection de cette section sur le plan horizontal en abaissant de ces points des perpendiculaires à la ligne de terre.

Le point 1' de la section de la ligne 1 S' dans le plan vertical se retrouvera à l'intersection de la perpendiculaire partant de 1' avec la projection horizontale 1 S, c'est-à-dire en 1".

On trouvera par le même procédé les points 2", 8", 4", 6" et 5"; mais il ne nous sera pas possible de trouver par ce moyen les projections des 3' et 7'. les projections verticales et horizontales ne formant qu'une droite.

Pour déterminer ces points, nous supposons par les points 3' et 7' une section horizontale du cône, G H, qui est une circonférence.

Cette circonférence coupe la section E F suivant une ligne 3' 7' perpendiculaire au plan vertical. La distance de ces 2 points jusqu'à l'axe sera la même que l'axe au point G, puisque dans une circonférence tous les rayons sont égaux.

Nous n'avons donc qu'à reporter cette distance sur la projection horizontale, de S en 3" et 7".

Il ne nous reste plus qu'à relier les points 1", 2", 3", etc. par une courbe.

Si nous désirons voir la section dans la projection verticale, nous ferons subir à la projection horizontale un mouvement de rotation, de façon à mettre en avant le point 1. le plus bas de la section (fig. 75).

Cette projection ne change pas de forme et nous retrouverons la section verticale au moyen de parallèles et de perpendiculaires à la ligne de terre employées dans l'exemple précédent.

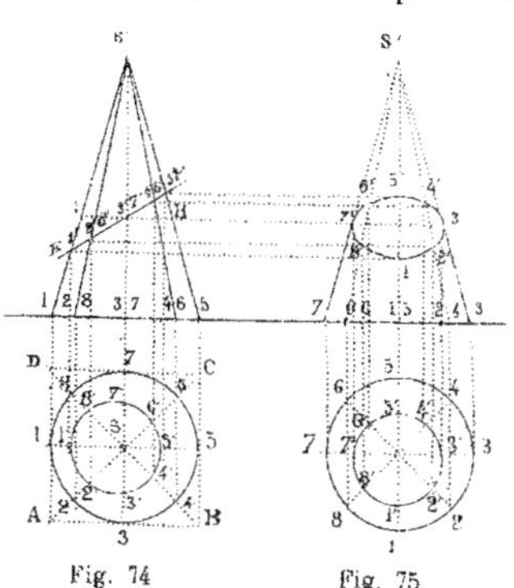

Fig. 74   Fig. 75

CHANGEMENT DE PLAN

88. — Faire les projections d'une pyramide tronquée.

Nous terminerons ce chapitre des projections en indiquant un procédé qui permet d'avoir plusieurs projections verticales d'un objet au moyen d'une seule projection horizontale.

C'est une économie de travail qui fait que ce procédé est souvent employé.

Pour exemple : prenons la pyramide tronquée dont nous avons le plan et l'élévation A B C S et a b c s (fig. 76).

Nous désirons la projection verticale telle que la section D E soit visible et que la ligne A B soit perpendiculaire à la ligne de terre.

Au lieu de faire tourner le plan A B C S de manière qu'il soit dans les conditions choisies par rapport à la ligne de terre, changeons de place cette ligne et mettons-la de telle sorte qu'elle fasse un angle droit avec A B : qu'elle soit par conséquent en L' T'

En agissant ainsi, nous aurons fait tourner, non la projection horizontale, mais le plan vertical.

Cela nous permet d'avoir la projection verticale demandée en abaissant des perpendiculaires sur L' T' depuis les points A B C S.

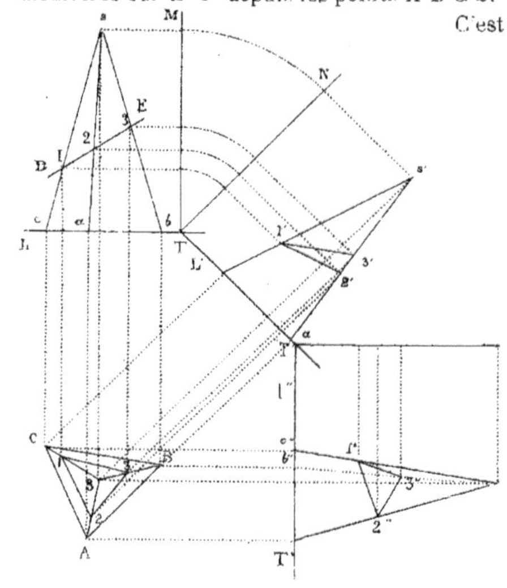

C'est ce qu'on nomme un changement de plan.

Les hauteurs des différents points de l'élévation *c a b s* et de la section 1, 2, 3, n'ont pas changé.

Nous les reportons sur la ligne T M, perpendiculaire à L T, au moyen de parallèles à la ligne de terre, et ensuite sur T N, perpendiculaire à L' T'.

Pour cela nous employons le compas en décrivant de T, comme centre, des arcs qui relient T M à T N avec des rayons égaux à T 1, T 2, T 3, etc.

Pour reporter ces divers points de T M sur T N on peut encore employer plus rapidement une bande de papier.

Voulons-nous avoir une troisième élévation de la pyramide ? Par exemple : celle qui serait sur plan perpendiculaire au premier plan de l'élévation *a b c s* ?

Pour cela, plaçons notre ligne de terre L'' T'' perpendiculaire à L T. Des points A B C S abaissons des perpendiculaires sur L'' T'' et retrouvons la hauteur des différents points de l'élévation comme il a été dit plus haut.

Fig. 76

CHAPITRE IV

Ombres propres et Ombres portées en Géométral.

89. — Quand un objet est mis en perspective, si on veut en tracer les ombres, il est quelquefois nécessaire d'avoir d'abord le géométral de ces ombres.

C'est pourquoi nous allons voir la manière dont ces ombres s'obtiennent.

Dans toute figure à 3 dimensions éclairée par le soleil ou par un flambeau, une partie de la figure est tournée du côté de la lumière : c'est la partie appelée **partie en lumière** ou **partie lumineuse**.

La partie qui ne reçoit pas les rayons lumineux est la partie **dans l'ombre** ou l'**ombre propre** de l'objet.

Comme un objet n'est jamais isolé, qu'il est toujours placé entre le soleil et d'autres corps, il empêche les rayons lumineux qui l'éclairent d'arriver à ces corps ou à une partie de ces corps. On dit alors que la partie qui ne reçoit pas les rayons est dans l'**ombre portée** de l'objet.

Ainsi dans un objet il y a 2 ombres à considérer : l'**ombre propre** et l'**ombre portée** par cet objet sur les corps avoisinants.

Pour les déterminer on indique sur les 2 plans les projections d'un rayon lumineux et on ramène tous les cas au cas d'une ligne verticale.

Le soleil peut avoir 3 positions par rapport au tableau :

1° Il peut être **dans le plan du tableau** et par conséquent ses rayons sont parallèles au tableau ou à la ligne de terre dans leurs projections horizontales.

2° Le soleil peut être **en avant du tableau** et, par suite, l'éclaire. Dans ce cas la projection d'un rayon lumineux est concourant à la ligne de terre dans le plan horizontal.

3° Enfin le soleil peut être situé **au-delà du tableau** et la direction des rayons s'écarte de la ligne de terre dans le même plan.

Dans les 3 cas on indique sur le plan vertical la projection du rayon lumineux On se rappellera que la distance du soleil à la terre est assez grande pour qu'on ait le droit de considérer comme parallèles entre eux tous les rayons qui viennent éclairer un objet.

Ceci établi, voyons, par quelques exemples, comment on déterminera l'ombre propre et l'ombre portée d'un objet.

90. — Ombre portée d'une verticale, le soleil étant dans le plan du tableau.

Soit à trouver l'ombre portée par la verticale A' A'' (fig. 77) dont la projection horizontale est A.

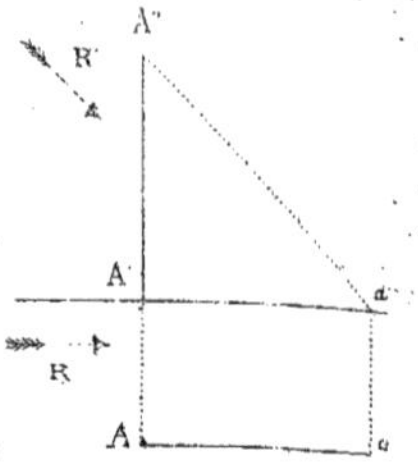

Le soleil étant dans le plan du tableau, la projection, en plan, d'un rayon, sera R, parallèle à la ligne de terre.

Tous les rayons qui frappent la verticale A forment un plan parallèle au plan vertical. Ces rayons prolongés au-delà de A donnent la direction de l'ombre cherchée, c'est-à-dire A, a.

Quel sera le point extrême de cette ombre ?

Nous le déterminerons au moyen des projections verticales.

La projection verticale du rayon étant R', l'ombre portée par A'' sur le plan horizontal suivra la direction de R'. Nous n'avons donc qu'à faire passer par A'' une parallèle à R'. Cette parallèle vient couper la ligne de terre ou le plan horizontal en a'.

Nous élevons par a' une perpendiculaire à la ligne de terre jusqu'à la ligne A a pour trouver l'ombre portée par A'' en plan.

Cette ombre sera donc A a.

Fig. 77

91. — Ombre portée par une verticale, le soleil étant en deçà du tableau.

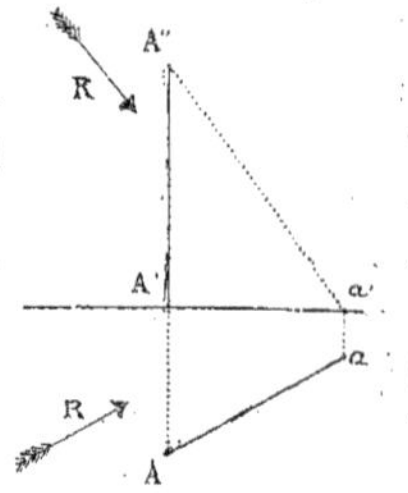

La direction des rayons lumineux étant R et R', l'ombre portée sur le plan horizontal partira de A et sera parallèle à R (fig. 78).

Dans le plan vertical, l'ombre portée par A'' sera dans la direction A'' a', parallèle à R'.

Nous élevons par a' une perpendiculaire à la ligne de terre et l'intersection de cette ligne avec la ligne A, a, donnera l'ombre portée par le point A. Cette ombre sera donc A a.

Appliquons ce procédé à un objet :

Fig. 78

92. — Trouver les ombres d'un cube.

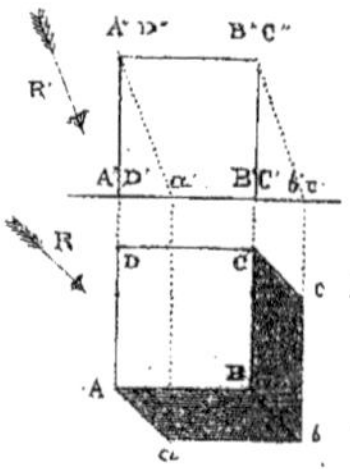

Soit à trouver l'ombre portée par le cube A B C D (fig. 79).

Ce cube se compose de 4 arêtes verticales.

Nous en cherchons les ombres portées. Nous obtenons ainsi les ombres C c, B b et A a.

La ligne D ne portant pas d'ombre dans un cube plein, il n'est pas nécessaire de la déterminer.

L'arête supérieure B C pro''ttera une ombre dont les 2 extrémités sont connues : b et c et l'arête supérieure A B, l'ombre a b. L'ombre portée sera donc a b c C B A.

Les 2 faces A D et D C sont les faces éclairées avec la face supérieure et les 2 faces latérales A B et B C sont dans l'ombre.

Fig. 79

93. — Déterminer l'ombre propre et l'ombre portée d'une pyramide.

Soit la pyramide A B C S et les directions R et R' des rayons lumineux (fig. 80).

Nous cherchons l'ombre portée S s de la verticale abaissée du sommet S sur la base.

L'ombre portée par l'arête B S commencera en B et se terminera en s'; ce sera donc B s.

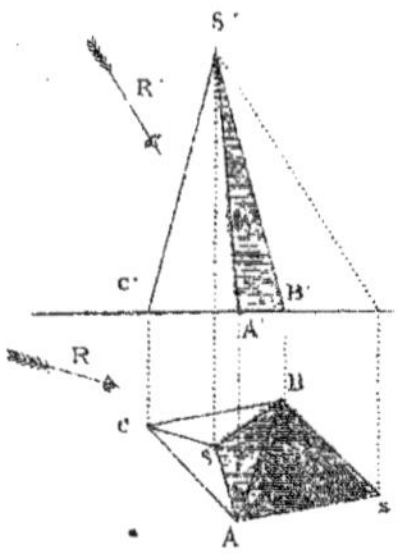

De même l'ombre portée par A s sera A s.

L'ombre portée par C S tombe à l'intérieur des 2 premières lignes trouvées et n'est par conséquent pas visible.

L'ombre portée sera donc B s A.

Elle est portée par les arêtes de la face A S B de la pyramide qui est dans l'ombre et qui en constitue l'ombre propre.

94. — Déterminer l'ombre portée d'un prisme sur le plan horizontal et sur une surface verticale.

Etant donnée la direction des rayons lumineux, les faces latérales du prisme qui portent une ombre sont les faces B C, C D et D E (fig. 81).

Fig. 80

La ligne verticale partant de B porte une ombre qui vient rencontrer le plan vertical F G en b.

Tous les rayons lumineux interceptés par cette ligne forment un plan vertical qui coupera le plan vertical F G suivant une verticale partant de b ou de b' de la projection verticale du parallélipipède.

Cette verticale est coupée par le rayon lumineux partant de B' au point b" qui représente, sur le plan vertical, la partie supérieure de l'ombre portée par la verticale B B'.

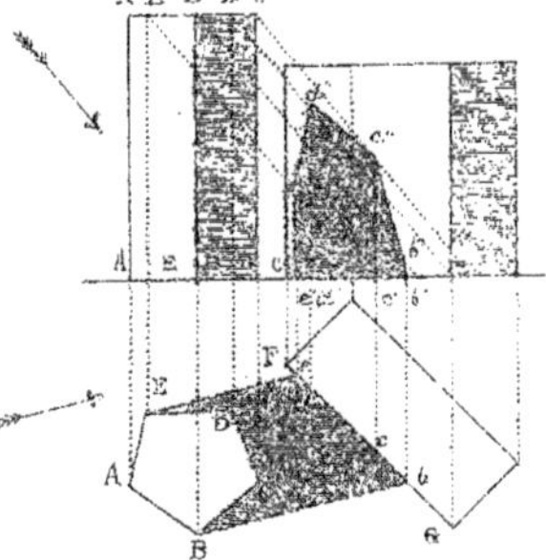

Fig. 81

On trouvera de même que les extrémités supérieures des ombres portées par les verticales C. D et E sont c", d" et e".

L'arête supérieure B' C' aura donc comme ombre portée la ligne d" c"; l'arête C' D' aura c" d" et l'arête D' E' aura d" e".

95. — Ombre portée par un solide sur une surface inclinée.

Soit à déterminer l'ombre portée par la pyramide A B C S sur la face D E I H du prisme couché (fig. 82).

Nous déterminons d'abord l'ombre portée sur le plan horizontal. Cette ombre est A B C O.

L'ombre portée par l'arête C S vient couper la base D E de notre surface au point c et l'arête A S au point a.

Ces 2 points se retrouvent donc en C' et a' dans la projection verticale.

L'ombre portée par la verticale partant du sommet viendrait couper, si on suppose cette verticale indéfinie, l'arête D E au point s. dans le plan horizontal et l'ombre de l'arête H I au point s'.

La projection de cette section sur le plan vertical sera donc S" s'".

Sur quel point de cette ligne s'arrêtera l'ombre portée par S" ? Il nous est donné par l'intersection de la parallèle au rayon lumineux partant de S" avec la ligne s" s'". C'est donc le point o.

L'ombre portée par la pyramide sur le plan incliné sera donc, dans le plan vertical c' a' o'.

En retrouvant sur le plan la projection de o' nous aurons c qui détermine l'ombre c a o de la projection horizontale sur le plan incliné.

96. — Ombre propre et ombre portée d'un prisme quadrangulaire droit, surmonté d'un prisme quadrangulaire plus grand.

Soit le plan et l'élévation des prismes A B C D E F G H (fig. 83).

Nous supposons que par chacun des points D' A' C' B' passent des verticales qui tombent sur le plan. Les extrémités supérieures de ces lignes donneront l'ombre d c b sur le plan et les points D" A" C" B" de ces mêmes lignes donneront les ombres d' a' b'.

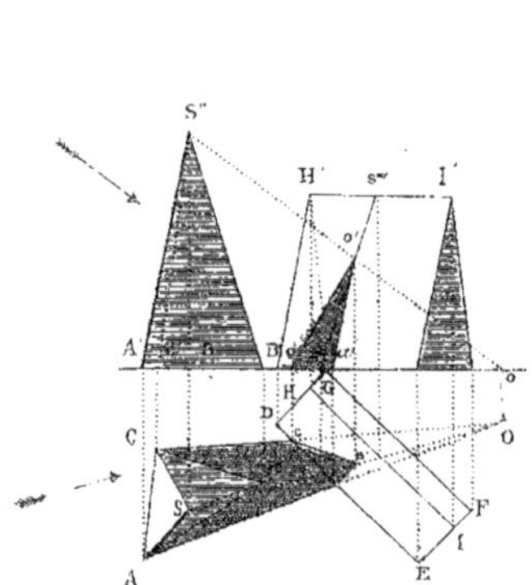

Fig. 82

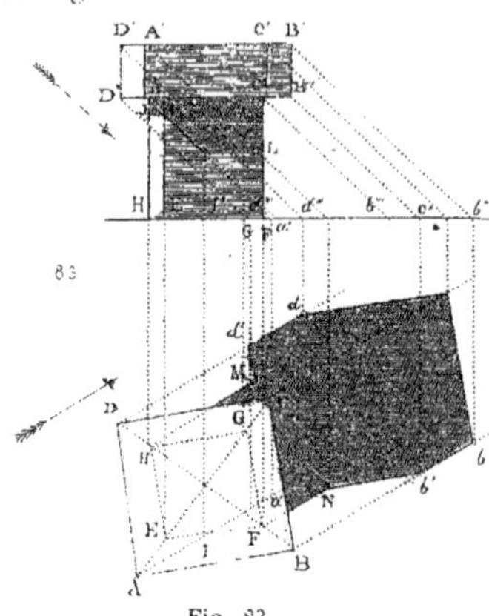

Fig. 83

En joignant 2 à 2 ces points, nous avons l'ombre portée par le prisme le plus grand.

Cette ombre se confond avec l'ombre portée par le prisme plus petit dont les côtés extérieurs partent de H et F, aux points M et N.

Quelle sera l'ombre portée par le plus grand prisme sur le plus petit ?

L'ombre portée par le point A vient couper dans le plan l'arête E F au point I, suivant une verticale qui est I' i' dans l'élévation.

L'intersection du rayon partant de A" avec cette ligne donne i qui est l'ombre portée de A sur le petit prisme.

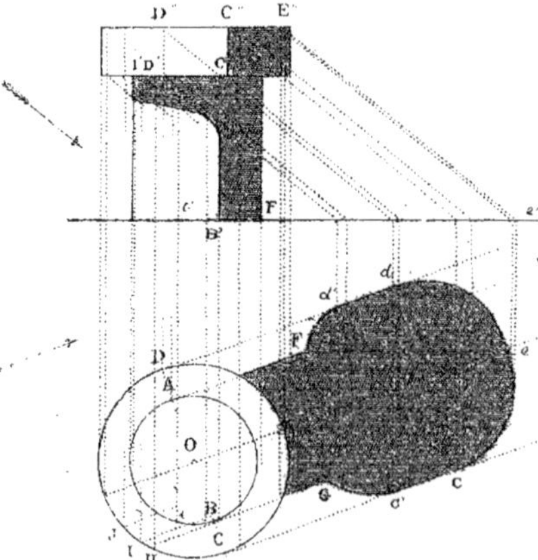

Fig. 84

On peut de même opérer pour trouver les ombres portées par d'autres points. On obtient J K i L.

97. — Ombres propres et ombres portées d'un cylindre surmonté d'un cylindre plus grand.

Des tangentes, parallèles au rayon lumineux, déterminent, dans les circonférences du plan, les points où commencent les ombres des 2 cylindres (fig. 84).

Ces ombres propres commencent donc en C et en B.

Pour avoir l'ombre portée par la circonférence supérieure, nous chercherons l'ombre portée par un certain nombre de ses points et nous les relierons ou moyen d'une courbe.

Pour cela nous supposons toujours que par ces points passent des verticales.

Par exemple : E donnera l'ombre portée *e*.

Nous chercherons également l'ombre portée par la circonférence inférieure du grand cylindre. Ces 2 ombres sont reliées entre elles par 2 droites *c c'* et *d d'* qui sont les ombres portées par les lignes extrèmes de l'ombre propre C' C" et D' D".

Les parallèles au rayon lumineux qui partent de A et B dans le plan donnent l'ombre portée par le petit cylindre. Ces ombres viennent rejoindre l'ombre du grand cylindre et s'y confondent aux points F et G.

Pour trouver l'ombre portée par le grand cylindre sur le petit, nous partirons de H dont l'ombre vient se confondre avec l'ombre propre du petit cylindre.

Prenant un certain nombre de points nous chercherons, pour chacun d'eux, l'ombre portée sur le petit cylindre.

Par exemple le point I, dans le plan, porte une ombre en *i*. Cette ombre est verticale en élèvation si nous considérons I comme l'extrémité supérieure d'une verticale et se trouvera en *i' i"*.

Par le point I', en élévation, une parallèle au rayon déterminera sur la droite *i' i'* l'ombre portée par I, c'est-à-dire *i"*.

Quand nous aurons déterminé de la même manière un certain nombre de points, nous les relierons au moyen d'une courbe qui sera l'ombre portée du grand cylindre sur le petit.

98. — Ombres propres et ombres portées d'un prisme quadrangulaire régulier traversé par un cône.

L'ombre du prisme et du cône se déterminent sur le plan comme il a été dit précédemment (fig. 85). Nous n'avons que cette petite modification de la verticale partant du sommet qui, dans le cas présent, porte une ombre qui vient rencontrer le plan vertical en *o* et qui remonte en *s'* au lieu de rester en *s* dans le cas où l'ombre se serait trouvée complètement dans le plan horizontal.

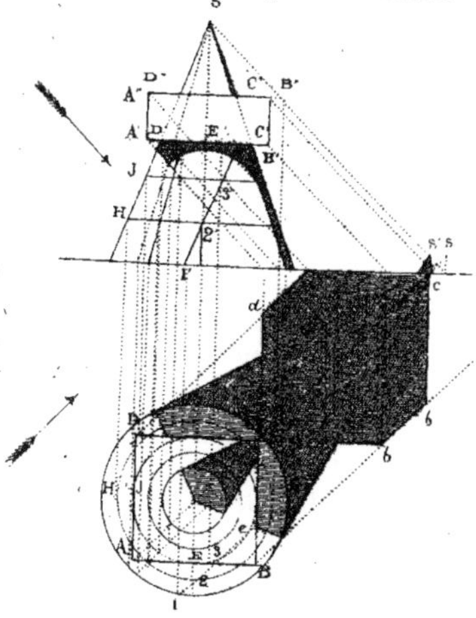

Fig. 85

Ce qui nous intéresse surtout dans ce problème, c'est le procédé employé pour trouver les ombres portées par le prisme sur le cône.

Comme nous la déterminerons au moyen de points, il nous suffira de trouver l'ombre portée par le point E par exemple, pour savoir déterminer tous les autres.

En supposant une verticale passant par ce point, l'ombre portée viendra couper le plan du cône suivant la ligne E G.

Si nous avions cette ligne en élévation, nous aurions le point de l'ombre portée par E' en faisant passer par ce point une parallèle au rayon lumineux et en la prolongeant jusqu'à la ligne cherchée.

Voyons comment nous pouvons déterminer cette ligne.

Si nous supposons le cône coupé par un

certain nombre de plans horizontaux, par les plans H I et J K par exemple, ces sections donneront, en plan, 2 circonférences.

Nous pouvons retrouver, en élévation, les points où ces 2 circonférences sont coupées par la droite E G que nous pouvons prolonger jusqu'à 4 de la base du cône.

Nous avons les points 1, 2, 3 qui deviennent 1', 2' 3' en élévation. Relions-les au moyen d'une courbe et nous aurons sur l'élévation l'ombre portée par la verticale partant de E.

L'intersection du rayon lumineux passant par E' avec cette ligne nous donnera e', le point cherché.

Après avoir déterminé de la même manière l'ombre portée par un certain nombre de points, il nous suffira de les relier par une courbe pour avoir l'ombre cherchée.

99 — Ombre d'une niche.

Soit à déterminer l'ombre de la niche (fig. 86).

L'ombre portée à l'intérieur se compose :

1° D'une ombre portée par A'' A' sur la partie cylindrique.

2° D'une ombre portée par une ligne courbe sur une partie verticale, et enfin :

3° D'une ombre portée par une partie courbe sur le 1/4 de sphère.

Voyons comment nous déterminerons chacune de ces courbes.

L'ombre de la verticale A coupe la partie cylindrique, en plan, au point a, ce qui nous donne la ligne d'ombre a' a'' en élévation puisque le cylindre est vertical.

A partir de A, nous avons la 1/2 circonférence dont une partie portera une ombre sur la partie cylindrique.

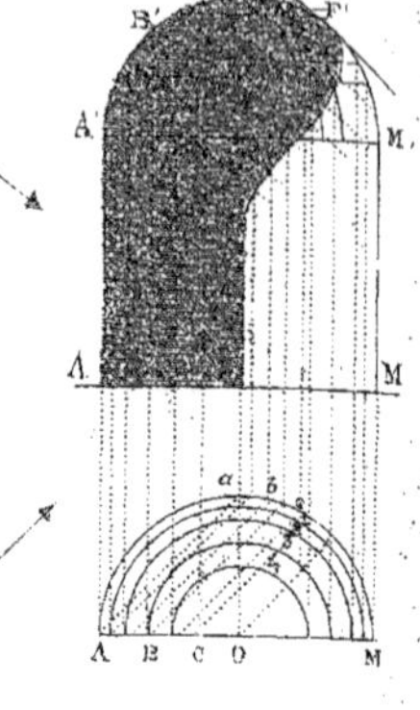

Fig. 86

Déterminons l'ombre d'un point, B par exemple. En plan, ce point donnera l'ombre verticale qui coupe le cylindre en b que nous retrouvons en élévation et qui nous détermine par son intersection avec le rayon lumineux passant par B' le point b' cherché.

Après avoir trouvé, sur la partie cylindrique l'ombre portée par un certain nombre de points de la 1/2 circonférence, nous les relierons par une courbe.

Pour avoir l'ombre portée par un point de la courbe, C par exemple, dans le 1/4 de sphère, nous supposons dans la niche un certain nombre de sections dont nous retrouvons les plans qui sont des demi-circonférences.

Un plan vertical passant par le rayon lumineux C c vient couper ces sections aux points 1, 2, 3, 4, que nous retrouvons en 1', 2, 3, 4, en élévation.

Après avoir relié ces points au moyen d'une courbe, nous avons l'ombre portée par C' à l'intersection du rayon lumineux passant par C' et de la courbe tracée, c'est-à-dire en C'.

Nous trouvons, par le même procédé, un certain nombre de points que nous relions au moyen d'une courbe jusqu'au point extrême de l'ombre de la niche.

Ce point est déterminé sur la 1/2 circonférence par la tangente F, parallèle au rayon lumineux.

100. — Cube de lumière.

Pour déterminer les principaux points des ombres d'une sphère, d'un tore, on se sert, non seulement des projections des rayons lumineux, mais encore de la véritable inclinaison de ce rayon par rapport au plan horizontal.

Pour bien faire comprendre les directions d'un rayon lumineux et les angles qu'il forme avec les 2 plans, prenons le cas d'un rayon à 45° qu'on est convenu d'appeler cube de lumière. C'est la direction généralement adoptée.

Etant donnée la direction du rayon lumineux E C qui est la diagonale du cube. A B C D E F G H (fig. 87) la projection de ce rayon est à 45° sur le plan vertical C D H G, puisque cette projection est la diagonale du carré. Pour le même motif, la projection est également à 45° sur le plan horizontal.

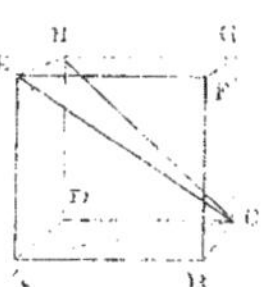

Fig. 87

Remarquons que l'angle formé par E C avec le plan horizontal, c'est-à-dire l'angle E C A n'est pas un angle de 45°. Cet angle, nous pouvons le déterminer en considérant le rectangle G E A C dont E C est diagonale. Les lignes E A et G C sont 2 côtés du cube et les 2 autres côtés A C et E G sont les diagonales des carrés ayant des côtés égaux à E A.

Pour former ce rectangle, nous n'avons donc (fig. 88) qu'à construire le carré A B C D.

Ensuite, du point A comme centre et A C comme rayon, à décrire l'arc C E, joindre D à E et nous avons l'angle réel formé avec le plan horizontal par le rayon lumineux. Cet angle est D E A.

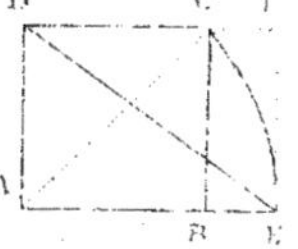

Fig. 88

En effet, ce rayon est bien la diagonale d'un rectangle semblable à celui que nous venons de voir fig. 87. Deux des côtés sont les côtés d'un carré et les 2 autres sont les diagonales du même carré.

Si nous supposons que les projections des rayons lumineux aient une direction quelconque, que ces projections soient A B et C B (fig. 89), pour trouver l'angle qui fait le rayon avec le plan horizontal, nous faisons partir les 2 projections du même point de la ligne de terre, B, puis nous construisons les projections des rectangles dont les directions données sont les diagonales. Ces rectangles sont G B E C et G B F A. La direction A B est donc la diagonale d'un rectangle qui a G A comme hauteur et C B comme longueur. Nous reportons C B ou G E sur la ligne de terre en E' et nous joignons A à E', ce qui nous donne l'angle cherché A E' G.

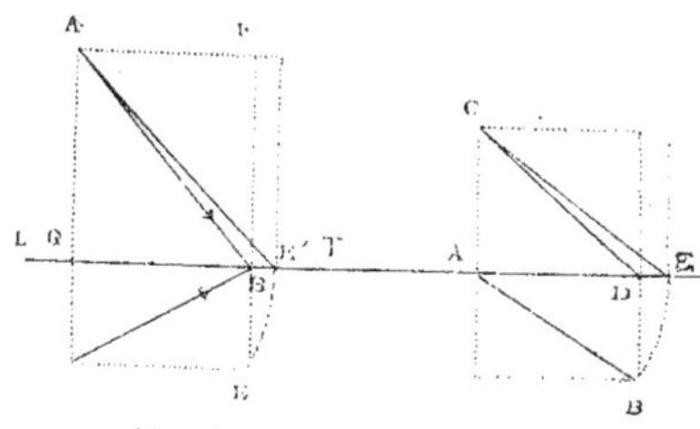

Fig. 89   Fig. 90

Nous donnons dans la fig. 90, un troisième exemple avec deux autres directions pour les projections des rayons lumineux. L'angle formé avec le plan horizontal par le rayon est C E A.

101. — Ombres d'une sphère.

Soit à déterminer les ombres de la sphère dont les projections sont données (fig. 91).

Les projections des rayons lumineux étant R et R', nous faisons passer, dans le plan des tangentes à la circonférence, parallèles au rayon donné R, ce qui nous donne 2 points, 1 et 2 de l'ombre propre.

La circonférence du plan est la projection du grand cercle horizontal E' F" de l'élévation.

Nous retrouvons les points 1 et 2 en les élevant en 1' et 2'

Les tangentes G H et I J, parallèles au rayon R', déterminent sur la circonférence de l'élévation 2 autres points de l'ombre : 3' et 4'.

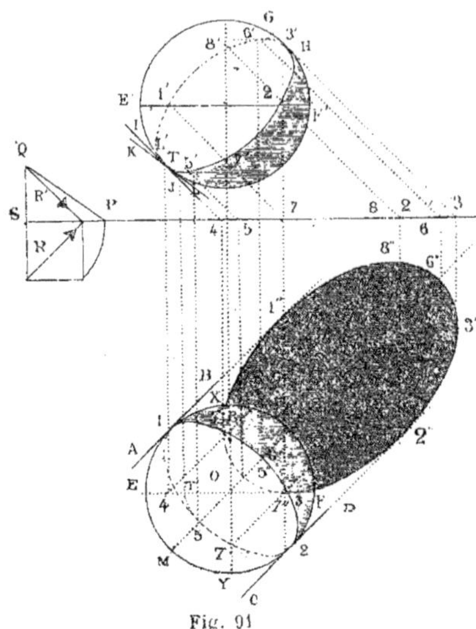

Cette circonférence ayant pour projection horizontale le grand cercle vertical E F, ces deux points 3' et 4' se retrouveront, en plan, en 3 et 4.

Le grand cercle vertical dont la projection horizontale est M N et qui est dans la direction du rayon lumineux sera frappé par ce rayon suivant l'angle qu'il forme avec le plan horizontal. Nous déterminons cet angle qui est Q P S.

Traçons au grand cercle de l'élévation une tangente parallèle à Q P, ce qui nous donne le point T.

Si ce grand cercle était celui qui est frappé par le rayon dont nous parlons, nous retrouverions ce point T en T', mais ce n'est pas le grand cercle E F qui est frappé ainsi, c'est M N.

En faisant faire à E F un mouvement de rotation autour de la verticale O pour

Fig. 91

qu'il vienne se confondre avec M N, ou bien en reportant la distance T' O de O en 5, nous aurons sur M N le point d'ombre cherché.

Le point 5 étant le plus bas de l'ombre propre de la sphère, le point le plus élevé sera également sur ce même grand cercle.

On pourrait le déterminer de la même manière que le précédent, ou simplement en reportant la distance 50 de 0 en 6.

Dans le mouvement de rotation dont nous avons parlé plus haut, le point T n'a pas changé de hauteur ; il se trouve donc, en élévation, sur l'horizontale passant par T et sur la perpendiculaire à la ligne de terre élevée du point 5, c'est-à-dire en 5'.

Le point le plus élevé sera, pour le même motif en 6'.

Nous avons déjà 6 points de l'ombre propre. Nous en allons déterminer encore 2 Pour cela, considérons, dans le plan, la projection M N du grand cercle qui est dans la direction du rayon lumineux et les projections des 2 autres grands cercles E F et X Y qui occupent par rapport à M N des positions symétriques.

Comme nous avons sur E F le point 4 de l'ombre propre, le grand cercle X Y en aura également un qui devra être symétrique de 4.

Pour le déterminer, nous n'aurons donc qu'à reporter 0 4 de 0 en 7.

De même le point 8 sera symétrique de 3 pour le même motif.

En élévation, ces 2 points seront sur la projection de X Y et à la même hauteur que les points 4' et 3' dont ils sont symétriques en plan.

Relions 2 à 2 ces 8 points au moyen d'une courbe et nous avons les lignes d'ombre qui donnent, en plan et en élévation, les 2 ellipses 1, 4, 5, 7, 2, 3, 6, 8 et 1', 4', 5', 7', 2', 3', 6', 8'.

Voulons-nous avoir l'ombre portée par cette sphère sur le plan horizontal ?

Nous considérons tous les points de l'ombre propre comme étant les extrémités supérieures de verticales dont nous déterminons les ombres portées comme il a été dit précédemment, ce qui nous donne les points 1'', 4'', 5'', 7'', 2'', 3'', 6'', 8'' de l'ellipse cherchée

Une partie de cette ombre se trouve, en plan, au-dessous de la sphère, et n'est par conséquent pas visible.

102. — Ombres du tore.

Les projections du tore étant données (fig. 92) ainsi que les projections des rayons lumineux R et R', nous trouvons, en plan, les 2 points extrêmes de l'ombre 1 et 2 en menant à la circonférence du plan des parallèles à R.

L'élèvation de la circonférence A 2 B 1 étant G H, les 2 points de l'ombre que nous venons de déterminer se trouveront en 1' et 2', après les avoir élevés du plan.

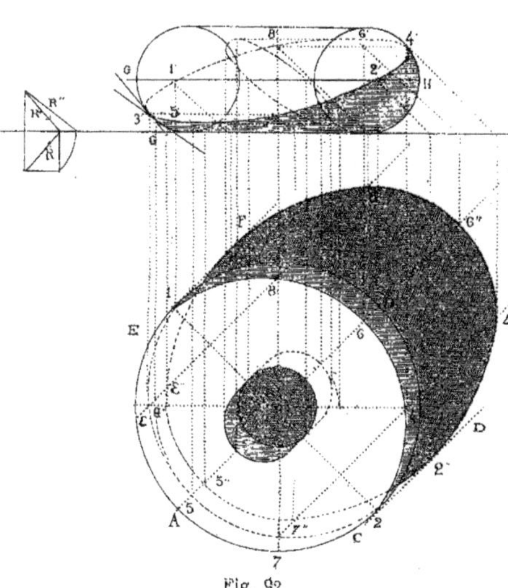

Fig. 92

En élèvation, des tangentes parallèles à R' donneront les 2 points d'ombre 3' et 4' qui se retrouveront, en plan aux points 3 et 4.

Les rayons dirigés dans la direction de A B détermineront sur cette coupe le point le plus bas de l'ombre, c'est-à-dire au point de tangence d'une parallèle à R".

Cette tangente détermine la hauteur de l'ombre en G dans l'élévation. Ce point se retrouve en G' sur la coupe verticale du tore.

Reportons la distance G'O de O en 5 et nous avons le point le plus bas de l'ombre.

Le point le plus élevé se trouvera de même en reportant la distance 50 de O en 6.

Ces deux points sont, en élèvation, sur la parallèle à la ligne de terre partant de G et sur la parallèle partant du point de tangence de R" avec la circonférence de droite, c'est-à-dire en 5' et 6'.

Considérant la direction A B des rayons lumineux, nous trouvons le point 7 en reportant 0 3 de 0 en 7, ces deux points étant symétriques par rapport à A B.

De même 8 est symétrique de 4.

Nous élevons ces 2 points 7 et 8 en 7' et 8' qui sont à la même hauteur que 3' et 4'.

En joignant ces points 2 à 2 au moyen d'une courbe, nous aurons comme ligne d'ombre dans les 2 projections, les ellipses 1. 3, 5, 7, 2, 4, 6, 8 et 1', 3', 5', 7', 2', 4', 6', 8'.

Les ombres propres à l'intérieur du tore se déterminent d'après la même méthode.

Si nous désirons avoir l'ombre portée par le tore sur le plan horizontal, nous cherchons l'ombre portée par chacun des points considérés comme parties supérieures de lignes verticales, ce qui nous donne l'ellipse 1", 3", 5", 7", 2", 4", 6", 8", dont une partie n'est pas visible, se trouvant sous la projection du tore.

CHAPITRE V

PERSPECTIVE

DÉFINITIONS, PRINCIPES

103. — Il n'y a pas beaucoup d'élèves qui, dans l'étude du dessin, ne se soient avisés, afin de tourner les difficultés qu'ils rencontraient pour dessiner un objet, d'en suivre les contours sur une feuille de verre placée entre leur œil et l'objet à dessiner.

Par exemple : voyez cet enfant placé devant cette fenêtre et suivant, avec une pointe, sur la buée qui s'est déposée sur la vitre, les contours de l'église qui est en face de lui. Il doit obtenir un dessin exact, tracé suivant toutes les règles de la perspective.

Seulement l'image obtenue disparaîtra avec la vapeur de la vitre et de plus il évitera difficilement des erreurs.

S'il a commencé par suivre bien exactement les contours du clocher, il s'aperçoit, quand il dessine la porte, que les lignes du clocher ou du toit ne sont plus vis-à-vis celles qu'il a tracées en commençant. Cela vient de ce qu'il n'est pas resté complètement immobile ; qu'il a bougé à droite ou à gauche, ou encore de haut en bas.

Ces inconvénients ont été évités par Léonard de Vinci, au moyen d'un appareil qu'il a inventé pour tracer la perspective et qu'on appelle le *perspectographe*.

Comme c'est avec cet instrument que nous allons trouver les principes de la perspective, nous en ferons la description Il est d'ailleurs très simple et chacun pourra s'en procurer un, ou même le construire.

Il se compose (fig. 94) :

104. — 1° D'une planchette horizontale L T B A sur laquelle on pose l'objet à dessiner ; c'est pourquoi on l'appelle plan de l'objectif.

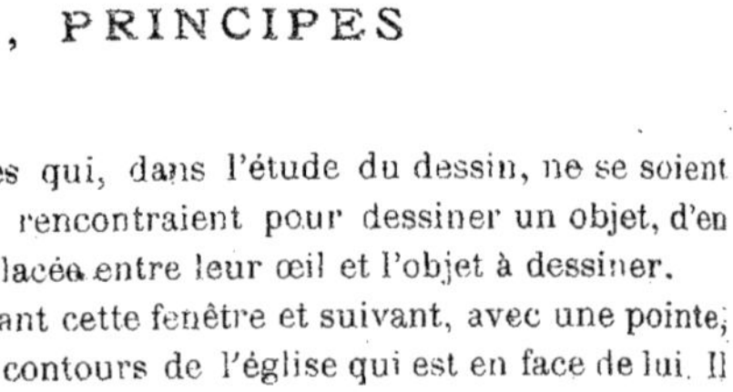

105. — 2° D'un châssis vertical garni intérieurement d'une toile métallique comme

Fig. 94

on en met autour des garde-mangers, mais qu'on pourrait remplacer par du canevas ou toute autre surface transparente sur laquelle on pourrait tracer des lignes

C'est sur cette toile qu'on suit les contours de l'objet, le spectateur étant placé en avant.

Cette surface sur laquelle on dessine porte le nom général de **tableau**.

Le tableau désigne donc la feuille de dessin, la toile du peintre, le tableau noir, etc. Ces tableaux n'étant pas transparents, on ne peut les placer verticalement entre l'œil et l'objet pour obtenir le dessin qu'on veut faire, mais il ne faut pas oublier que pour que le dessin soit juste, on doit obtenir le même résultat qu'avec le perspectographe.

106. — Le plan de l'objectif et le tableau se rencontrent en une même ligne L T qui porte le nom de **ligne de terre** parce que le plan de l'objectif représente la terre, sur laquelle, dans la plupart des cas, les objets qu'on dessine reposent généralement.

Nous avons vu, par l'exemple de l'enfant dessinant une église sur une vitre, que l'œil doit toujours rester à la même place si on veut que toutes les lignes du dessin coïncident exactement avec celles de l'objet. Léonard de Vinci a obtenu ce résultat en ajoutant à son appareil un œilleton mobile glissant le long d'une tige reposant sur un pied. C'est par le petit trou que regarde le spectateur pour dessiner. Il est certain que s'il a soin de ne pas déplacer l'œilleton de la place qu'il a choisie il obtiendra un résultat satisfaisant.

107. — En perspective, on appelle **spectateur** la personne qui dessine.

Voyons maintenant, pour nous familiariser avec les termes de la perspective ou du dessin (1), ce qui se passe lorsqu'on veut dessiner un objet avec le perspectographe.

(1) Beaucoup de personnes sont portées à croire que le dessin et la perspective diffèrent essentiellement. Notre exposition doit prouver qu'elles sont victimes d'un préjugé.

Nous choisirons pour exemple, un cube en fil de fer, afin que toutes les arêtes soient visibles.

Le dessinateur place d'abord l'œilleton à l'endroit qui lui convient le mieux, car le dessin qu'il obtiendra dépendra de la place où il se mettra pour dessiner l'objet. Il ne le voit pas de même s'il est placé plus ou moins haut, ou plus ou moins à droite ou à gauche. Il y a une place qui lui conviendra mieux que les autres parce que, de cette place, l'objet se présente d'une manière qui lui plaît. C'est là qu'il fixera son œilleton, c'est-à-dire la place de son œil.

L'opération qu'il vient de faire est ce qu'on appelle choisir son **point de vue.**

108. — Le **point de vue** est donc la place occupée par le spectateur pour dessiner un objet.

La manière dont se présente l'objet dépend encore de la distance de l'œil au tableau. Dans l'exemple que nous prenons (fig. 95), cette distance est représentée par la ligne P O.

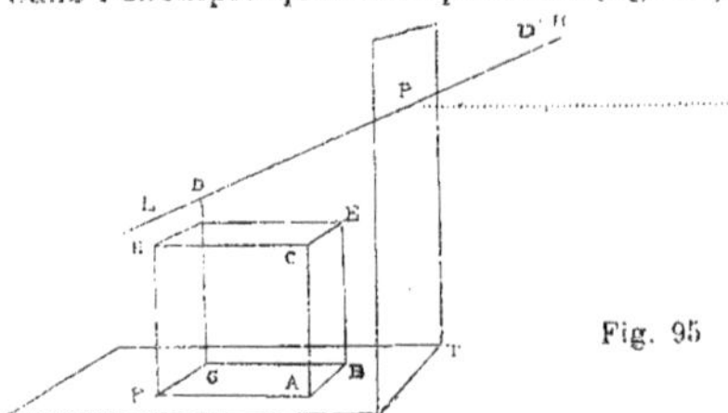

Fig. 95

Avant de commencer notre dessin, et afin de pouvoir retrouver notre point de vue, dans le cas où l'œilleton viendrait à être dérangé par inattention, voyons comment nous pouvons mettre, sur le tableau, les indications nécessaires pour retrouver la place choisie.

109 — Si nous abaissons, sur le tableau, depuis notre œil, une perpendiculaire et que nous mettions un point où cette perpendiculaire vient toucher le tableau, nous saurons toujours que notre œil doit être vis-à-vis ce point, quand même nous aurions perdu notre point de vue.

On désigne généralement ce point du tableau par la lettre P, et on le nomme **point principal.** C'est un point qui a une très grande importance en perspective.

Ainsi, au moyen du point principal, nous voyons que notre œil doit se trouver sur la perpendiculaire au tableau partant de ce point, mais nous ne savons pas à quelle distance.

C'est donc une indication qu'il nous reste à noter; et qu'on obtient ainsi.

110. — Par le point principal, nous faisons passer sur le tableau, une ligne horizontale L M qui porte le nom de **ligne d'horizon,** et sur cette ligne, à partir du point principal, nous portons à droite et à gauche, la distance du point de vue au tableau. Cette distance O P (fig. 95), reportée comme il vient d'être dit, donne les 2 points D et D' qui sont les **points de distance.**

La ligne d'horizon, sur le perspectographe, est remplacée par une tige en fil de fer qui se pose sur des crochets placés sur les bords du tableau. Ils sont assez rapprochés les uns des autres pour qu'il soit possible de placer la ligne d'horizon d'après le point de vue choisi.

Nous avons maintenant, tous les renseignements nécessaires pour retrouver notre point de vue dans l'hypothèse d'une erreur.

111. — **Positions des lignes par rapport au tableau.**

Avant de suivre, sur le tableau, les contours du cube, commençons par nous rendre compte de la position de ses lignes par rapport au tableau. Nous avons placé le cube de manière qu'une de ses faces soit parallèle au tableau (fig. 96).

Nous avons donc les côtés A B et C E qui sont des **horizontales parallèles au tableau,** il en est de même des côtés F G et H I.

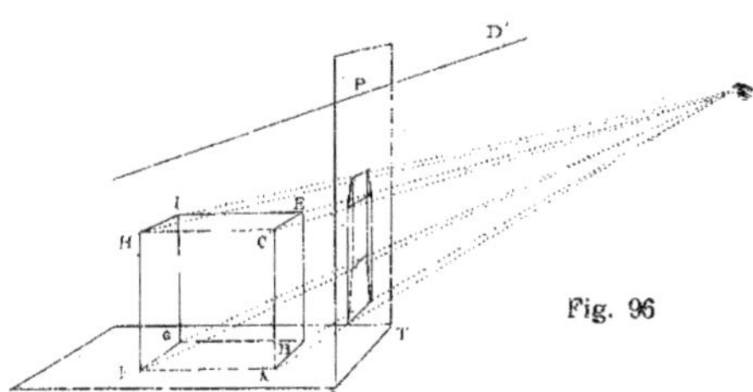

Nous avons également 4 verticales qui sont aussi parallèles au tableau ; ce sont les côtés A C. B E, F H et G I.

Les 4 autres lignes, A F, B G, G H et E I sont des **horizontales perpendiculaires au tableau**.

Il est très important de bien faire cette distinction.

Fig. 96

PRINCIPES

112. — Suivons maintenant les contours du cube sur le tableau avec tout le soin possible et voyons quel résultat nous allons obtenir.

Le spectateur opérant dans la fig. 96, voit le dessin obtenu comme dans la fig. 97, étant placé en face du tableau.

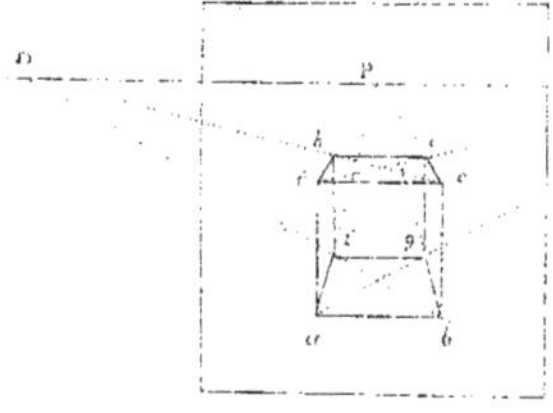

Les 4 lignes verticales, qui sont de même grandeur dans le cube, sont représentées, dans le dessin, par les 4 lignes $a\,c$, $b\,e$, $f\,h$ et $g\,i$.

Nous remarquons que ces lignes sont restées verticales dans le dessin, mais que 2 de ces lignes sont plus grandes que les autres.

Pour nous rendre compte de la cause de ce résultat, approchons le cube du tableau, et voyons comment ces mêmes lignes, plus rapprochées du tableau, vont être représentées. Nous remarquons qu'elles sont toujours verticales dans le dessin, mais qu'elles sont devenues plus grandes.

Fig. 97

Au contraire, si nous plaçons le cube plus loin du tableau, notre point de vue ne changeant pas, les verticales deviennent plus petites.

Nous pouvons donc tirer de ces observations ce 1er principe :

113. — **En perspective, les lignes verticales restent verticales, mais diminuent de grandeur à mesure qu'elles s'éloignent du tableau.**

Prenons maintenant les 4 lignes horizontales parallèles au tableau et voyons le résultat que nous avons obtenu.

En suivant la direction des 4 lignes du cube A B, C E, F G et H I, nous avons tracé sur le tableau les 4 lignes $a\,b$, $c\,e$, $f\,g$ et $h\,i$ qui sont toutes les 4 des horizontales. Nous faisons la remarque que, comme dans les verticales, les 2 lignes du cube les plus rapprochées du tableau sont plus grandes que les plus éloignées.

Pour bien nous rendre compte que c'est le même motif qui fait la différence de grandeur, rapprochons le cube du tableau et ensuite nous l'éloignerons.

Nous remarquerons de cette manière, que plus les lignes seront près du tableau, plus elles seront grandes, et que plus elles seront loin, plus elles seront petites, et qu'elles conserveront toujours leur direction horizontale.

Nous tirerons donc de cette expérience ce 2e principe :

114. — En perspective, les lignes horizontales parallèles au tableau restent horizontales, mais diminuent de grandeur à mesure qu'elles s'éloignent du tableau.

Il nous reste maintenant à voir ce que sont devenues les 4 lignes A F, B G, C H et E I qui sont des horizontales perpendiculaires au tableau.

En les suivant sur le tableau, nous avons obtenu des lignes obliques dont les unes sont inclinées à droite et les autres à gauche.

Il paraît très difficile, à cause de ces directions différentes, de prévoir les résultats qu'on doit obtenir quand on doit dessiner ces parallèles ; mais remarquons attentivement notre dessin, et au moyen d'un fil ou d'une règle placée sur la ligne *a f*, voyons la direction de cette ligne.

En la prolongeant, nous remarquons qu'elle viendrait passer par le point principal.

Prolongeons également la ligne *b g* ; nous avons la même remarque à 'aire. Il en est de même des 2 autres *c h* et *e i*.

Ces 4 lignes qui nous paraissent tout d'abord avoir une direction différente ont donc, en réalité, une seule et même direction ; elles se dirigent du côté du point principal.

Mais au lieu de nous en tenir à ces 4 lignes seulement, plaçons-en d'autres sur le plan de l'objectif ; élevons notre cube en plaçant un objet dessous, mais en ayant soin que les lignes dont nous nous occupons soient toujours bien horizontales et bien perpendiculaires au tableau, et voyons si la remarque que nous avons faite pour les 4 premières lignes sera encore juste.

Toujours nous obtenons le même résultat dans ces diverses expériences

Nous en tirons donc le principe suivant :

115. — En perspective, les lignes horizontales perpendiculaires au tableau ont toutes la même direction. Si on les prolonge suffisamment, elles viendront se réunir au point principal.

116. — Ainsi nous voyons qu'en perspective, les parallèles ne conservent pas toujours la même distance entre elles, puis que dans le cas que nous venons de voir, elles se réunissent au même point si on les prolonge suffisamment.

Dans le cas où des lignes parallèles se réunissent en perspective, on dit qu'elles ont un point de fuite. C'est le point où elles se réunissent.

Ainsi le point de fuite des lignes horizontales perpendiculaires au tableau est le point principal.

Nous allons voir qu'il y a autant de points de fuite que de directions dans les lignes parallèles qui ne sont pas parallèles au tableau.

Dans le cas du cube que nous avons pris pour exemple, nous avons fait toutes les remarques que nous avions à faire sur les lignes comme elles étaient placées ; mais nous pouvons supposer 2 lignes diagonales dans les faces du dessus et du bas, par exemple : les lignes passant par C I et A G.

Nous aurons alors 2 horizontales parallèles entre elles et inclinées à 45° par rapport au tableau. Ou bien nous pouvons changer la position du cube et le placer de manière qu'une de ses diagonales soit perpendiculaire au tableau et alors les horizontales du cube qui étaient parallèles ou perpendiculaires au tableau deviennent des horizontales inclinées à 45° par rapport au tableau. Quatre de ces lignes sont inclinées à droite et quatre à gauche.

Suivons fig. 98) les directions de ces lignes, et voyons le résultat que nous obtenons.

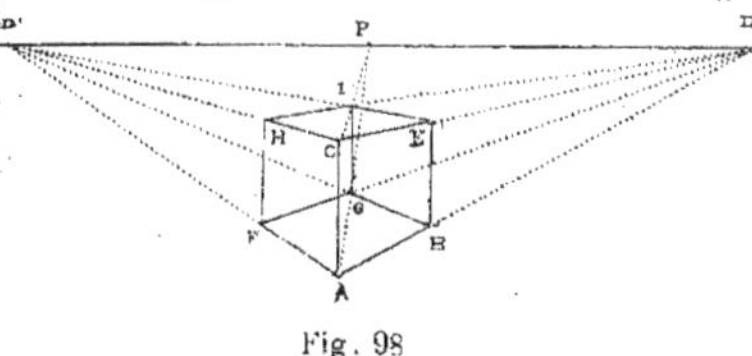
Fig. 98

Nous avons 4 lignes horizontales inclinées à 45° à droite ; ce sont les 4 lignes A B, C E, F G et H I. En prolongeant ces lignes dans la direction qu'elles ont prise dans le dessin, nous voyons qu'elles viennent toutes se réunir au point de distance de droite.

Les 4 autres, qui sont inclinées à gauche, vont se réunir au point de distance de gauche.

Nous pouvons multiplier les exemples et comme nous obtenons toujours le même résultat, nous en tirons le principe suivant :

117. — **En perspective, les lignes horizontales inclinées à 45° vont toutes se réunir au point de distance de droite si elles sont inclinées à droite, et au point de distance de gauche. si elles sont inclinées à gauche.**

Les points de distance sont donc les points de fuite des lignes horizontales inclinées à 45° par rapport au tableau.

118. — Prenons maintenant des horizontales inclinées d'une manière quelconque par rapport au tableau, et parallèles entre elles Elles feront, par exemple : un angle de 28° par rapport au tableau (fig 99).

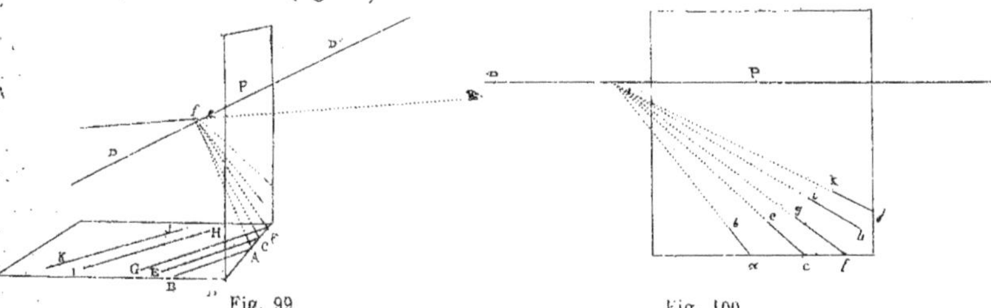
Fig. 99   Fig. 100

Nous en faisons un certain nombre sur le plan de l'objectif et nous en pourrions placer également à différentes hauteurs.

En suivant la direction des lignes données A B, C E, F G, H I et J K nous obtenons sur le tableau vu de face (fig. 100), les directions $a\,b$, $c\,e$, $f\,g$, $h\,i$ et $j\,k$.

Prolongeons ces lignes et nous remarquerons qu'elles viennent toutes se réunir au point f, de la ligne d'horizon.

En multipliant les exemples, nous constatons, que :

Toutes les horizontales parallèles entre elles et inclinées par rapport au tableau ont un point de fuite qui se trouve sur la ligne d'horizon.

Plus ces lignes se rapprochent, comme direction, de la perpendiculaire au tableau, plus le point de fuite se rapproche du point principal ; plus elles s'en éloignent plus le point de fuite s'éloigne également.

Existe-t-il un moyen qui nous permettrait de trouver d'avance le point de fuite de ces lignes ?

Supposons une horizontale inclinée d'une manière quelconque par rapport au tableau et partant de notre œil. Cette horizontale ira couper la ligne d'horizon en un point.

Supposons maintenant cette ligne prolongée au delà du tableau. Son prolongement, si nous voulons l'indiquer sur le tableau, ne nous apparaît que comme un point, la ligne étant dirigée sur notre œil et ce point est précisément le point d'intersection que nous venons de trouver.

Or, si derrière le tableau se trouvent des parallèles à cette ligne, comme d'après les exemples précédents, elles doivent toutes venir se réunir au même point de la ligne d'horizon, leur point de fuite ne pourra se trouver qu'au point que nous avons d'abord déterminé, attendu qu'une de ces lignes, celle qui est dirigée sur notre œil, n'est représentée sur le tableau que par un point de la ligne d'horizon.

Pour trouver le point de fuite de lignes horizontales fuyantes, nous n'avons donc qu'à faire passer par notre œil une parallèle à ces lignes et l'intersection de cette parallèle avec la ligne d'horizon donne le point de fuite cherché.

Ce moyen est également exact pour les points de fuite que nous avons déjà vus : le point principal et les points de distance.

119. — Lorsque des lignes parallèles ont un point de fuite, on les appelle **lignes fuyantes.**

C'est de ces lignes qu'on parle dans cette règle qui est si souvent répétée dans les leçons de dessin : Les lignes qui sont au-dessus de la ligne d'horizon descendent, et celles qui sont au-dessous remontent.

En effet, on suppose toujours que pour suivre la direction d'une ligne, on part du point le plus rapproché du tableau. Si des lignes ont leur point de fuite sur la ligne d'horizon, que l'une d'elles soit plus bas que le point de vue, elle devra remonter pour se diriger du côté de son point de fuite. Si, au contraire, elle est plus haut, elle devra descendre, comme par exemple : les 2 lignes de la fig. 101 que nous supposons perpendiculaires au tableau

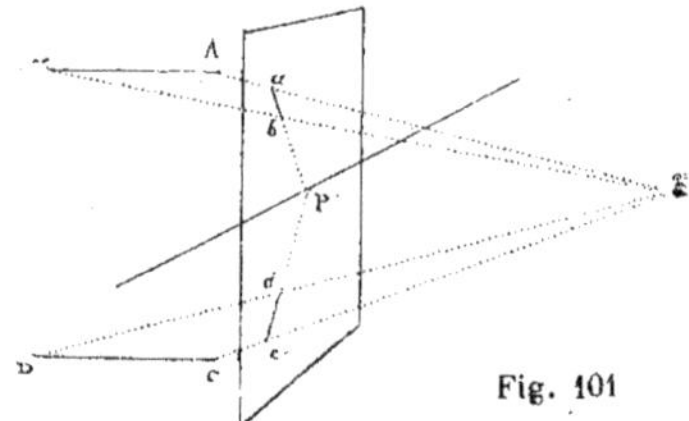

Fig. 101

120. — Le perspectographe nous permettra également de trouver, pour certaines lignes parallèles, une nouvelle propriété utile pour l'intelligence des méthodes de perspective que nous allons examiner.

Nous voulons parler des lignes parallèles qui ne sont ni horizontales, ni verticales, et qui sont, parconséquent, obliques aux 2 plans.

Prenons par exemple : (fig 102) à partir des points A, C, F, H, J d'une droite perpendiculaire au tableau sur le plan de l'objectif, un certain nombre de lignes obliques

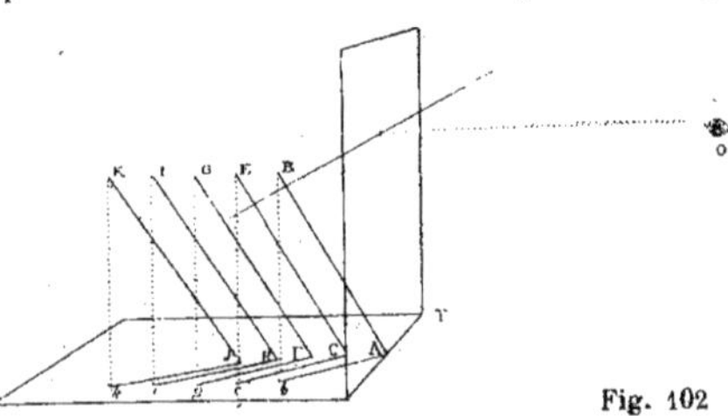

Fig. 102

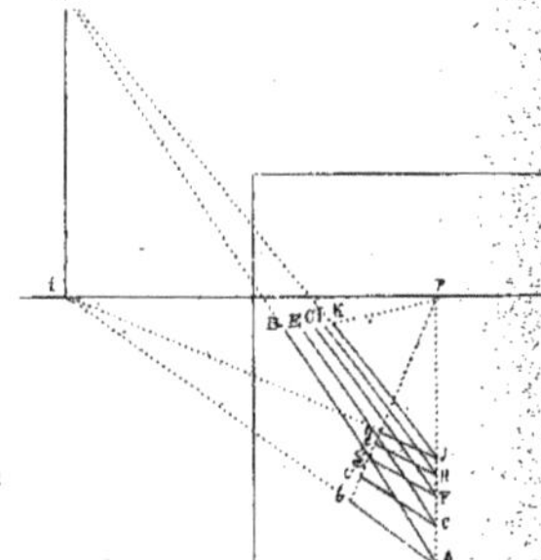

Fig. 103

parallèles entre elles : A B, C E, F G, H I et J K. Si nous faisons la projection de chacune de ces lignes sur le plan de l'objectif, nous aurons les lignes horizontales parallèles entre elles : A b, C c, F g, H i et I k. Suivons maintenant sur le tableau la direction de toutes ces lignes. Nous obtenons la fig. 103, le tableau étant vu de face.

Dans cette figure, les projections des lignes obliques vont toutes se réunir en un point f de la ligne d'horizon.

Prolongeons également les lignes perspectives qui représentent les obliques. Elles vont également se réunir en un même point, f'.

Nous remarquerons que ce point f' se trouve sur la perpendiculaire à la ligne d'horizon élevée du point f.

Si nous prenons d'autres exemples, ils nous donneront toujours le même résultat.

Nous en tirerons donc ce dernier principe :

Les lignes obliques aux 2 plans parallèles entre elles ont un point de fuite commun. Ce point se trouve sur une perpendiculaire à la ligne d'horizon élevée du point de fuite des projections horizontales de ces lignes.

Tels sont les principes de perspective très peu nombreux et très simples sur lesquels on s'appuie pour dessiner tous les objets. Il est nécessaire, pour les bien posséder, de les avoir étudiés de visu par les expériences que nous venons de citer et qu'on peut multiplier.

Nous allons voir comment ils sont appliqués aux diverses méthodes de perspective et ensuite au dessin d'imitation. Ils nous permettent de comprendre la définition de la perspective d'un objet :

121. — **C'est la figure obtenue par les intersections des rayons lumineux partant de tous les points de l'objet, et qui vont se réunir à l'œil du spectateur, avec un tableau placé verticalement entre l'œil et l'objet à dessiner.**

122. — Angle optique.

Pour chacune des méthodes que nous passerons en revue, nous nous rappellerons que pour qu'une figure en perspective soit agréable à l'œil, il est nécessaire que le point de vue soit choisi d'une façon convenable.

La perspective sera bonne si le spectateur se place, pour faire son dessin, à une distance de l'objet égale à au moins deux fois et demie sa plus grande dimension. C'est de cette distance que l'œil peut embrasser l'objet dans son ensemble

L'objet est alors compris dans un angle qui a son sommet à l'œil du spectateur. C'est ce qu'on appelle l'angle optique.

Si le spectateur est plus rapproché de l'objet, on obtient une perspective exagérée qui est désagréable, car la figure représente l'objet comme si le spectateur était obligé de changer la direction de son œil pour en voir toutes les parties.

Il pourra se faire que cette condition ne soit pas toujours observée dans les premières figures que nous allons mettre en perspective, pour éviter des complications dans les constructions ; mais nous étudierons ensuite les moyens qu'on peut employer pour obtenir un bon résultat, quelle que soit la grandeur du tableau dont on dispose.

Le but que nous cherchons étant de permettre de se rendre compte de toutes les constructions employées dans les diverses méthodes, nous choisirons, pour être plus clair, des exemples simples.

Les procédés sont d'ailleurs les mêmes pour tous les cas, qu'ils soient simples ou compliqués.

CHAPITRE VI

MÉTHODE GÉNÉRALE

123.   Le plan et l'élévation d'un objet étant trouvés, le dessinateur qui n'a qu'une planchette pour représenter ce plan, cette élévation et le dessin en perspective de cet objet, a dû se demander comment il pourrait disposer, sur sa planchette, c'est-à-dire sur un même plan, les résultats qu'on obtient au moyen des 2 plans du perspectographe.

Il a employé le procédé suivant :

Supposons le point de vue en O, et dans le perspectographe, A B L T pour le plan de l'objectif et L T E C pour le tableau (fig. 104).

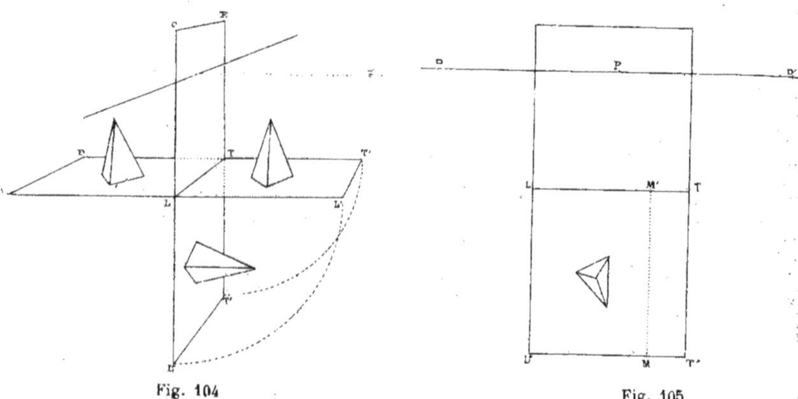

Fig. 104   Fig. 105

Le point de vue nous permet de déterminer la ligne d'horizon et les points de distance.

Nous ne devons pas oublier que la ligne de terre est commune au plan de l'objectif et au tableau.

Au lieu de laisser le plan de l'objectif à la place qu'il occupe, faisons-le glisser sous le tableau, de manière qu'il vienne en avant en L T L' T', puis faisons-le tourner autour de L T comme charnière jusqu'à ce qu'il se trouve dans le prolongement du tableau. Il occupera alors la position L T T'' L'', et le spectateur, placé en avant, verra les 2 plans comme l'indique la fig. 105.

La ligne de terre du tableau étant la même que L'' T'' du plan de l'objectif, tous les points de l'une de ces lignes correspondent exactement aux différents points de l'autre. Par exemple : le point M, sur L'' T'' est le même que M' que j'obtiens sur L T en élevant à la ligne de terre la perpendiculaire M M'.

Cela bien établi, voyons par quelques exemples comment, avec ces données, nous pourrons obtenir en perspective la vue de l'objet qui repose sur le plan de l'objectif et où son plan est représenté.

Nous commencerons par mettre en perspective des figures planes reposant sur le plan de l'objectif, puis des figures à 3 dimensions.

DU POINT

124. — Mettre en perspective le point A du plan de l'objectif.

Nous pouvons supposer que par ce point (fig. 106) passe une perpendiculaire à la ligne de terre, soit A B. Cette ligne est par conséquent perpendiculaire au tableau. Or nous savons qu'en perspective elle doit se diriger sur le point principal P. Comme elle vient toucher la ligne de terre en B sur le plan de l'objectif, que ce point est le même

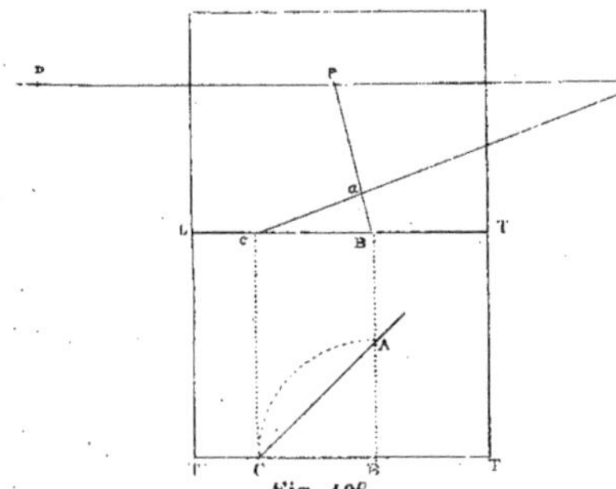

que le point B' qui se trouve directement au-dessus, sur la ligne de terre du tableau, la ligne que nous venons de faire passer par A, partira donc, sur le tableau, de B, et se dirigera sur le point principal. Le point A se trouvera donc, en perspective sur la ligne B' P ; mais à quel point de cette ligne ?

C'est ce que nous allons déterminer en faisant passer par le point A une 2e ligne A C inclinée à 45°. Elle vient couper la ligne de terre en C qui, dans le tableau, se trouve en C'.

Fig. 106

Comme nous savons que les lignes inclinées à 45° vont au point de distance de droite lorsqu'elles sont inclinées à droite, cette ligne aura, en perspective, la direction C' D'.

Ainsi notre point A doit se trouver sur les lignes B' P et C' D'. Il ne pourra se trouver qu'au point d'intersection de ces lignes, c'est-à-dire en a.

Remarque. — Une ligne inclinée à 45° étant la diagonale du carré, il nous suffit, pour déterminer la diagonale passant par A, de reporter la distance A B de B en C et de tracer la ligne C A qui est la ligne à 45° demandée. Un autre moyen encore plus simple consiste à employer l'équerre à 45°.

125 — Mettre une ligne en perspective.

Soit à mettre en perspective la ligne A B du plan de l'objectif (fig. 107).

Puisque nous savons mettre un point en perspective, il nous sera facile de déterminer, sur le tableau, la place des 2 extrémités A et B de la ligne, comme dans le problème précédent, nous obtenons sur le tableau les 2 points a et b.

En les joignant par une droite, nous aurons la ligne a b qui sera la perspective de A.B.

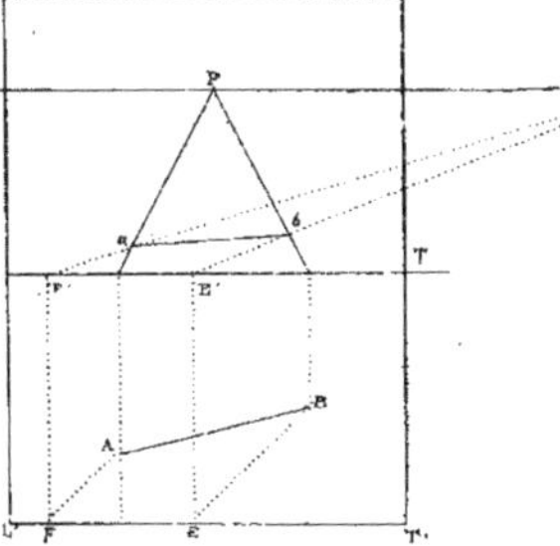

Fig. 107.

Sachant mettre une ligne en perspective, il nous sera possible de mettre tous les polygones en perspective, puisqu'ils ne sont qu'une réunion de lignes droites. Mais comme les lignes de construction deviennent très nombreuses en employant toujours la méthode du point, on a cherché à les simplifier en employant les points de fuite quand cela est possible. Nous allons en voir quelques exemples dans les problèmes suivants.

126. — Mettre en perspective un carré dont l'un des côtés est parallèle au tableau.

Soit le carré A B C E du plan de l'objectif à mettre en perspective (fig. 108).

Les côtés A E et B C, étant perpendiculaires au tableau, doivent aller se réunir au point P, ce point étant leur point de fuite.

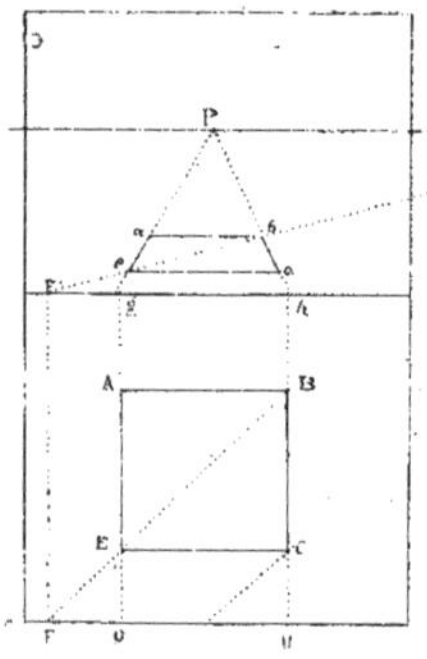

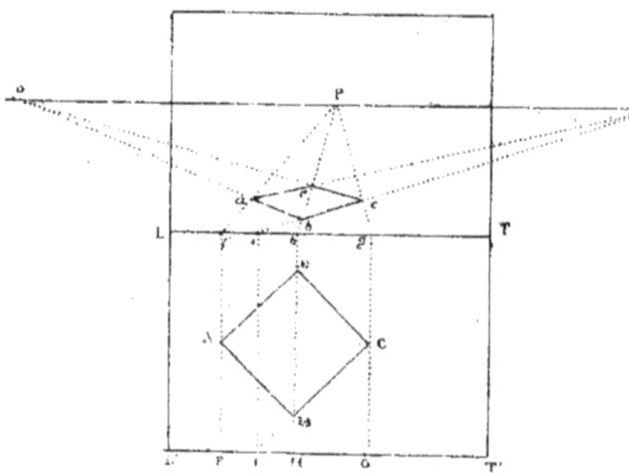

Ces 2 lignes, prolongées jusqu'à la ligne de terre qu'elles coupent en G et H, partiront du tableau des points g et h. Les lignes A E et B C seront donc en perspective sur g P et sur h P.

Si nous faisons passer par le carré la diagonale B E et que nous la prolongions jusqu'à la ligne de terre, en F, cette ligne, ayant son point de fuite au point de distance de droite, deviendra la ligne F'' D' en perspective.

Mais par son intersection avec la ligne g P elle détermine le point e qui est la perspective de E ; et par son intersection avec la ligne h P elle détermine le point b, qui est la perspective de B.

Fig. 108

Or, comme par ces points passent les lignes A B et E C qui sont des horizontales parallèles au tableau, que ces lignes doivent rester horizontales en perspective, nous n'avons qu'à tracer de ces 2 points. 2 horizontales qui par leurs points de rencontre avec les 2 lignes g P et h P déterminent le carré perspectif cherché : e c b a.

127. — Mettre en perspective un carré dont l'une des diagonales est parallèle au tableau.

Soit le carré A B C E, du plan de l'objectif, à mettre en perspective fig. 109).

La diagonale E B, perpendiculaire au tableau, qui vient, si on la prolonge, couper la ligne de terre en H, aura, sur le tableau la direction h P.

La ligne C B, inclinée à 45° à droite qui vient couper la ligne de terre en I, aura sur le tableau, la direction i D', et par conséquent le point B, qui se trouve au point d'intersection de ces deux lignes sera en b. La droite B A sera sur b D.

Par les deux points A et C, si je fais passer 2 perpendiculaires au tableau : A F et C G, ces 2 lignes seront en perspective en f P et g P et déter-

Fig. 109

mineront, par leur rencontre avec les 2 lignes inclinées à 45° partant de b, les points a et c où se terminent les 2 côtés B A et B C du carré donné.

Par ces 2 points a et c, nous n'aurons plus qu'à tracer 2 autres lignes inclinées à

45° à droite et à gauche pour que le carré soit terminé. Nous obtenons ainsi la figure *a b c e* pour la perspective du carré A B C E

128. — Point de fuite d'une ligne fuyante trouvé par le point de vue rabattu.

Nous avons vu précédemment, dans l'étude des principes de perspective, que les lignes horizontales fuyantes avaient, pour point de fuite, un point qu'on pouvait déterminer en faisant passer, par l'œil du spectateur, une parallèle à ces lignes, et que le point d'intersection de cette parallèle avec la ligne d'horizon donnait le point de fuite cherché.

Voyons comment cette détermination du point de fuite pourra nous servir dans la méthode générale.

Prenons comme exemple la ligne A B (fig. 110) et sa parallèle O F partant de l'œil du spectateur.

Supposons que par la ligne O P et par la ligne d'horizon passe un plan rectangulaire D D' G H

Si nous le faisons tourner autour de D D' comme charnière pour le rabattre sur le tableau, le point occupé par l'œil se trouve en V, c'est-à-dire sur une perpendiculaire à la ligne d'horizon et à une distance de P égale à P D puisque P D est égal à P O.

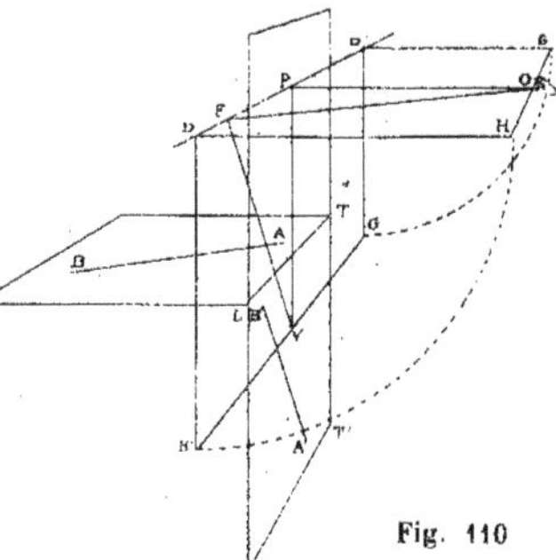

La ligne A B que nous avons pris comme exemple faisant avec la ligne de terre un angle de 28°, la parallèle O F fera un angle de 28° également avec H G que nous avons fait parallèle à D D' et par conséquent à L T.

Fig. 110

En rabattant le plan D D' G H comme nous venons de le faire, H' G' est toujours parallèle à L T et sera également parallèle à L' T' quand nous aurons fait subir au plan de l'objectif les mouvements nécessaires pour qu'il se trouve au-dessous du tableau et sur son prolongement.

Dans ce cas, la ligne V F est toujours parallèle à la ligne donnée A B qui a pris la position A' B'.

Voyons maintenant comment nous pourrons résoudre le problème suivant en appliquant cette propriété.

129. — Mettre en perspective 6 lignes horizontales parallèles entre elles et obliques au tableau.

Soit à mettre en perspective les 6 lignes A B, C E, F G, H I, J K, M N, (fig. 111).

Par le point de vue rabattu V, nous faisons passer une parallèle à ces lignes qui

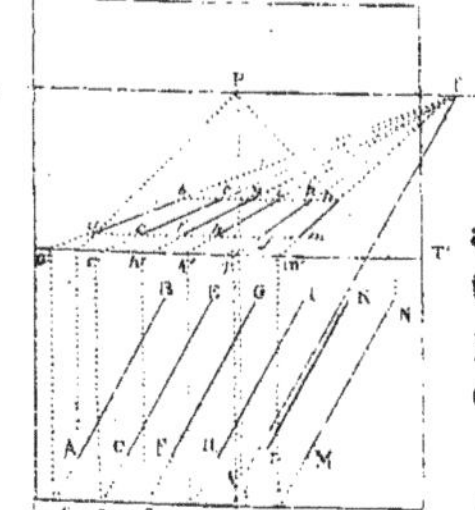

détermine par sa rencontre avec la ligne d'horizon le point *f* qui est le point de fuite des lignes parallèles données.

Si nous prolongeons ces parallèles jusqu'à leur rencontre avec la ligne de terre L T et que nous reportions les intersections *a, c, f*, etc. sur la ligne de terre du tableau au moyen de perpendiculaires, nous aurons les points de départ des lignes en perspective qui se dirigent sur *f*.

Pour avoir le point de départ des 2 horizontales qui passent par les extrémités des parallèles, il ne nous restera plus qu'à faire passer par A et N, 2 perpendiculaires au tableau qui se

Fig. 111

réunissent en P et qui nous donnent, par leurs intersections avec $a'\,f$ et $m'\,f$, les 2 points a et n par lesquels nous faisons passer les 2 horizontales $b\,n$ et $a\,m$ déterminant le commencement et la fin des 6 parallèles données.

130. — Perspective des hauteurs.

Pour nous rendre compte de la hauteur que doit avoir une ligne placée plus ou moins loin du tableau, nous nous reporterons au cube que nous avons mis en perspective.

Nous avons vu (fig. 112) que les 2 lignes verticales A B et F C dont les extrémités se trouvent sur les 2 perpendiculaires au tableau A C et B F, restaient verticales.

Elles sont donc comprises entre 2 parallèles fuyantes. Si, au lieu de 2 verticales seulement nous en avions placé un certain nombre de même grandeur, toujours sur la même fuyante B P, elles auraient toujours été comprises entre B P et A P, comme par exemple les lignes G H et I J.

D'un autre côté, les 2 verticales F C et K E qui sont placées sur l'horizontale F K restent de même grandeur et il en serait de même de toutes les autres verticales comprises entre C E et F K ou entre leurs prolongements, comme par exemple : L M et N O.

Ceci nous permet d'établir notre échelle des hauteurs (fig. 113).

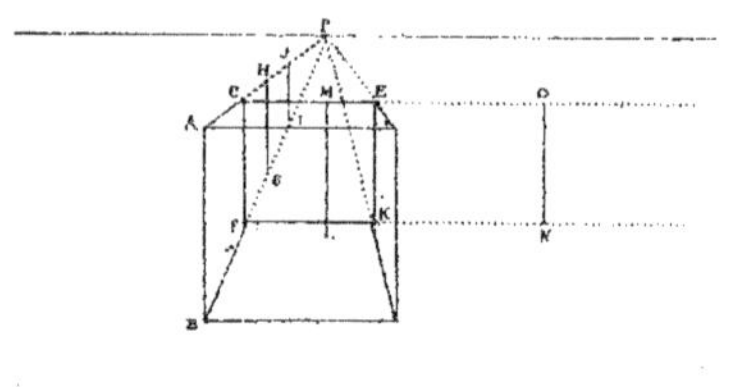

Fig. 112

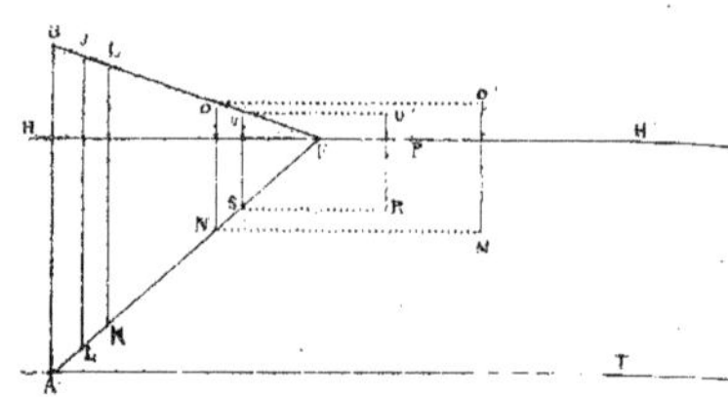

Fig. 113

Supposons que nous voulions trouver sur le tableau, un certain nombre de verticales de même grandeur perspective que la ligne A B, placée sur la ligne de terre.

Nous joignons les points A et B en un point quelconque de la ligne d'horizon, F par exemple :

Il faut bien remarquer qu'il n'est pas nécessaire de choisir le point principal

Toutes les verticales comprises entre ces 2 lignes parallèles A F et B F seront de même grandeur. Par exemple · B A $=$ I J $=$ K L, etc.

Voulons-nous maintenant connaître la grandeur d'une ligne égale à A B placée en M ?

Comme nous savons que les verticales placées sur les horizontales parallèles au tableau restent de même grandeur, nous faisons passer par M une parallèle au tableau M N. Or nous savons que la verticale partant de N est N O. La verticale partant de M sera M O' $=$ N O.

On déterminerait de la même manière la grandeur d'une verticale égale à A B placée en R ; elle est égale à S U etc.

Prenons maintenant comme exemple un objet à 3 dimensions à mettre en perspective par la méthode générale.

131. — Mettre en perspective une pyramide dont le plan et l'élévation sont donnés.

Soit à mettre en perspective la pyramide A B C E S en plan et A' E' B' C' S' en élévation (fig. 114.

Nous choisissons au-dessus de la ligne de terre la hauteur du point de vue, qui sera par exemple aux 2/3 environ de la hauteur de la pyramide, et nous traçons la ligne d'horizon H H'.

Nous plaçons dans le plan de l'objectif le plan A B C D dans la position où nous désirons voir la pyramide. Si nous désirons voir 2 faces E A et A B, nous tournerons le plan de façon que ces 2 faces soient du côté de la ligne de terre L' T'.

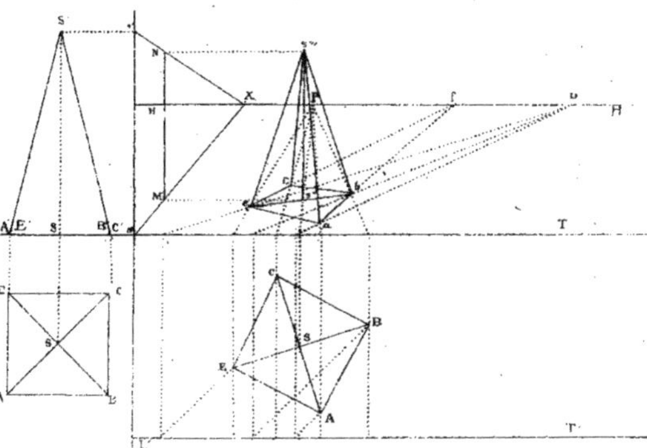

Fig. 114.

Après avoir placé le point principal et les points de distance, ou un seulement si la place nous manque, nous faisons la perspective du plan, ce qui nous donne la figure *a b c e s''*.

Il nous reste maintenant à déterminer la hauteur de la perpendiculaire abaissée du sommet de la pyramide sur la base.

En perspective, c'est une verticale partant de S''. Quelle en est la hauteur ?

Pour la déterminer, nous portons la hauteur S' S sur le bord du tableau, à partir de la ligne de terre en *s s'*. Nous joignons ces 2 points en un point de la ligne d'horizon, *x* par exemple, puis par *s* nous faisons passer une horizontale qui coupe *s x* en M. Nous élevons la verticale M N sur l'échelle des hauteurs et nous obtenons la hauteur de la pyramide qu'il suffit ensuite de reporter de *s''* en *s'''*.

132. — Mettre en perspective un prisme octogonal tronqué.

Soit à mettre en perspective le prisme dont le plan et l'élévation sont donnés A B C D E F G H et G' H' F' A' E' B' D' C', C'' B'' D'' A'' E'' H'' F'' G'' fig. 115).

Nous choisissons la hauteur à laquelle nous voulons être placés pour voir le prisme.

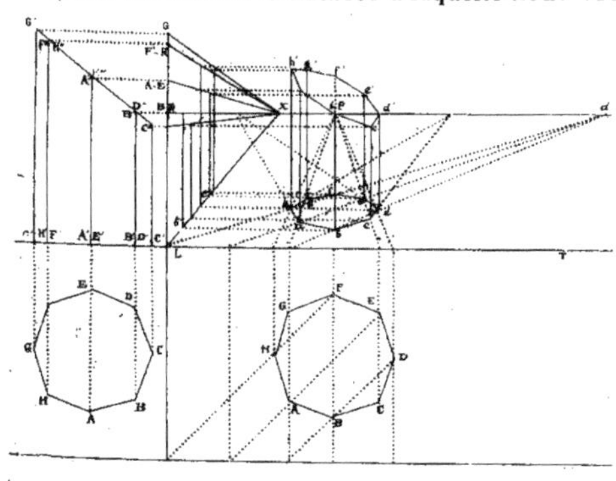

Fig. 115

Ce sera, par exemple, une hauteur égale à B' B'', par conséquent notre ligne d'horizon sera à une distance égale à B' B'' de la ligne de terre. Nous plaçons également le point de distance. Puis sur le plan de l'objectif, au-dessous du tableau, nous disposons le plan du prisme de façon que le prisme soit vu comme nous le désirons. Si nous voulons que la coupe soit du côté du spectateur, nous placerons le point C, le plus bas de la section, du côté de la ligne de terre.

Nous mettons ensuite ce plan en perspective, ce qui nous donne la figure *a b c d e f g h*

Sur chacun de ces points, nous avons des verticales que nous élevons et dont il ne nous reste plus qu'à trouver les hauteurs.

Pour cela nous reportons, sur le bord du tableau, les différentes hauteurs des arêtes latérales du prisme L C, L B, L D, etc.

Nous joignons tous ces points en un point X. de la ligne d'horizon et nous avons l'échelle des hauteurs.

Voulons-nous avoir la hauteur de l'arête partant de e ?

Nous faisons passer par ce point une horizontale $e\ e''$; à e'' nous élevons une verticale jusqu'à la rencontre de E x et nous avons la hauteur de $e\ e'$.

Nous faisons de même pour chaque point et nous les relions au moyen de droites, ce qui nous donne la perspective cherchée.

133. — Des points de distance réduits.

Quand nous désirons, par la méthode générale, obtenir une figure perspective un peu grande, et en même temps agréable à l'œil, nous sommes obligés de placer notre tableau assez près de l'objet, et par conséquent le point de distance, est assez éloigné du point principal.

Dans ce cas, il arrive très souvent que le point de distance est en dehors du tableau, les feuilles sur lesquelles on dessine n'étant pas d'une grandeur illimitée.

Il n'est alors possible de placer, sur la ligne d'horizon du tableau, et à partir du point principal, qu'une longueur égale à la moitié de la distance du spectateur au tableau, au 1/3, au 1/4, etc.

Nous allons voir comment, dans ce cas, il nous sera possible d'obtenir le même résultat que si nous pouvions nous servir du point de distance réel.

Supposons que, dans la fig. 116, les côtés de notre tableau soient limités par les lignes M N et L K, que notre distance réelle soit P D, et par conséquent, que le point D soit en dehors du tableau.

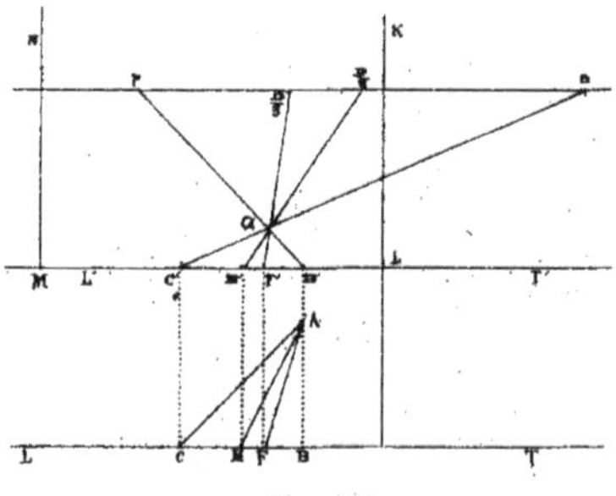

Supposons maintenant sur le plan de l'objectif, le point A, à mettre en perspective.

Si nous avons le point D à notre disposition; la perspective de A sera en a, c'est-à-dire à l'intersection des 2 horizontales dont l'une est perpendiculaire au tableau et l'autre inclinée à 45' à droite.

Nous avons alors sur le tableau, 2 triangles C' a B' et P a D, qui sont semblables comme on le démontre en géométrie. (Les angles de ces triangles sont égaux 2 à 2.)

Fig. 116

On démontre également que si on partage la distance P D en 2 parties égales, au point $\frac{D}{2}$ et qu'on joigne ce point au point a, le prolongement de cette ligne viendra couper la ligne C' B' en 2 parties égales.

Si on prend P $\frac{D}{3}$ égal au 1/3 de P D, la ligne $\frac{D}{3}\ a$ prolongée coupera C' B' en F' qui sera au 1/3 de C' B' à partir de B'.

Il en serait de même si on prenait, sur P D, des points de division qui détermineraient sur cette ligne, des distances égales au 1/4, au 1/5, etc., de P D, à partir de P. Les droites partant de ces points, qu'on ferait passer par a, couperaient, si on les prolongeait, la ligne C' B' au 1/4, au 1/5 de sa longueur, à partir de B'.

La démonstration géométrique s'appuie sur les propriétés des triangles semblables ainsi obtenus. Il nous est d'ailleurs facile de nous assurer, par l'expérience, que ce résultat est exact.

Nous allons voir comment, d'après ce qui précède, nous pourrons trouver la perspective a, du point A sans nous servir du véritable point de distance D qui est en dehors du tableau.

Supposons que nous n'ayons que le point $\frac{D}{2}$ ou point de demi-distance.

Ce point A, en perspective, se trouvera sur la ligne horizontale perpendiculaire au tableau, c'est-à-dire sur B' P. Il se trouvera également sur la ligne A C, inclinée à 45° ; mais comme cette ligne ne peut être tracée puisque nous n'avons que le point de demi-distance, nous partageons C B en 2 parties égales, ce qui nous donne le point E, ou E' sur la ligne de terre du tableau.

Comme nous venons de voir que si de ce point on mène une droite au point $\frac{D}{2}$ l'intersection avec l'horizontale perpendiculaire au tableau B' P est la même que l'intersection de C' D, nous obtiendrons donc le même résultat que si nous pouvions nous servir du point de distance.

Si nous n'avions que le 1/3 de la distance ou $\frac{D}{3}$ nous partagerions C B ou C' B' en 3 parties égales et le point de division F", le plus rapproché de B', nous donnerait encore, en le reliant à $\frac{D}{3}$ le point a cherché.

Sachant mettre un point en perspective au moyen d'un point de distance réduit, nous pourrons mettre toutes les figures en perspective.

Il est nécessaire de signaler l'inconvénient très grand qui résulte de la mise en perspective d'une figure par cette méthode.

La distance obtenue sur la ligne de terre entre la ligne inclinée à 45° et la perpendiculaire au tableau partant de chaque point à mettre en perspective, doit être chaque fois partagée en 2, 3, 4, etc., parties égales suivant qu'on a $\frac{D}{2}, \frac{D}{3}, \frac{D}{4}$, etc. Ces constructions sont très longues et très délicates.

134. — Voyons comment nous pouvons simplifier ce travail dans les cas qui se présentent le plus souvent.

Supposons d'abord le cas de demi-distance (fig. 117). La règle ou le T étant placés sur la ligne de terre ou au-dessous parallèlement à cette ligne, si nous plaçons une équerre dont les 2 côtés de l'angle droit soient en proportion de 1 à 2, c'est-à-dire si E M est deux fois plus petit que M N, de manière que le petit côté s'applique contre la règle et que l'hypoténuse passe par A l'hypoténuse viendra couper la ligne C B juste au milieu E de C B.

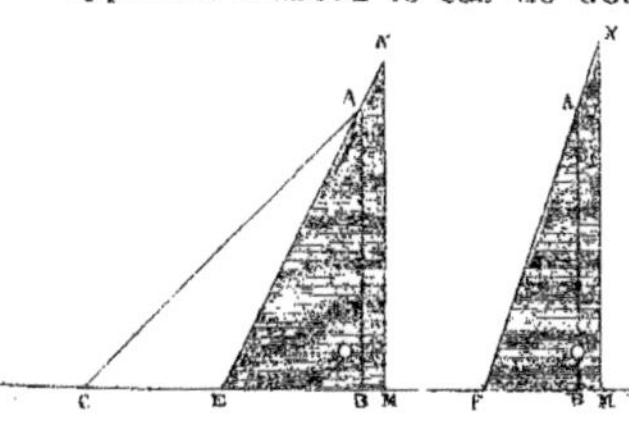

Fig 117 et 118

Il ne nous sera donc pas utile de faire passer par A une ligne à 45° ; au moyen d'une équerre construite dans les proportions que nous venons d'indiquer, nous avons de suite le point qui nous est nécessaire pour tracer la ligne à $\frac{D}{2}$ qui détermine le point cherché.

Si nous avons $\frac{D}{3}$ nous nous servirons d'une équerre dont les 2 côtés de l'angle droit seront entre eux comme 1 à 3 (fig. 118).

Ces côtés seront dans la proportion de 1 à 4, de 1 à 5 si les points de distance réduits sont $\frac{D}{4}, \frac{D}{5}$, etc.

Les personnes qui utiliseront pour la perspective cette méthode, auront donc un grand intérêt à avoir à leur disposition des équerres construites dans les proportions indiquées.

Cette manière d'opérer pour les points de distance réduits, sera surtout utile dans les cas d'examen où le temps est limité pour mettre en perspective une figure quelquefois assez compliquée.

135. — Mettre une circonférence en perspective.

Comme dernier exemple de la méthode générale, nous allons examiner les procédés employés généralement pour mettre une circonférence en perspective.

On détermine d'habitude 8 points de la circonférence qui sont donnés par les diagonales, verticale et horizontale (fig. 119) d'un carré qui circonscrit la circonférence.

Soit le carré A B C E qui circonscrit la circonférence O, à mettre en perspective.

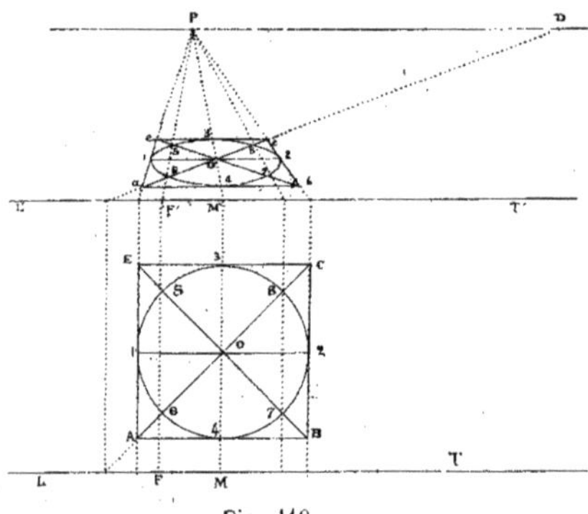

Fig. 119

Ce carré, en perspective nous donne $a\,b\,c\,e$ dont nous traçons les diagonales $a\,c$ et $b\,e$ qui se coupent au centre O de la circonférence.

Faisons passer par o une perpendiculaire et une parallèle au tableau. Ces 2 droites, par leurs intersections avec les côtés du carré $a\,b\,c\,e$ nous donneront 4 points de la circonférence : 1, 2, 3, 4.

Pour déterminer les points 5 et 6, nous faisons passer une perpendiculaire au tableau par ces 2 points; elle coupe la ligne de terre en F ou F', et par l'intersection de cette ligne avec les diagonales nous avons, en perspective, les points 5 et 6 cherchés.

On opère de la même manière pour trouver les 2 autres points 7 et 8.

Relions ces 8 points au moyen d'une courbe, et nous aurons pour la perspective de la circonférence l'ellipse 1, 6, 4, 7, 2, 8, 3, 5.

Dans les figures que nous mettons en perspective au moyen des différentes méthodes que nous passons en revue, nous n'indiquons pas les ombres, pour ne pas compliquer les lignes de construction, ce qui rendrait la marche à suivre plus difficile à saisir.

Mais il est facile de se rendre compte de la manière de les obtenir en perspective lorsque ces ombres sont tracées en géométral. Il suffit de les mettre en perspective comme on met les lignes de la figure.

Nous verrons d'ailleurs, au sujet de la méthode de perspective directe sur le tableau, comment il est possible, étant donnée une figure en perspective, d'en tracer directement les ombres.

CHAPITRE VII

136. — **Méthode dite des trois échelles.**

Cette méthode est l'une des plus employées. Elle présente des avantages sur la méthode générale que nous venons d'examiner en ce qu'elle permet d'obtenir une perspective de grande dimension en proportion de la grandeur du tableau dont on dispose, sans pour cela que les points de distance sortent du tableau

Les principes sur lesquels elle repose sont identiques à ceux qui ont été trouvés au moyen du perspectographe.

Pour bien nous rendre compte de la nature des procédés de cette méthode, nous allons mettre en perspective un objet simple en indiquant les constructions puis nous chercherons à nous rendre compte des principes sur lesquels ces constructions s'appuient.

137. — **Mettre un prisme triangulaire droit en perspective.**

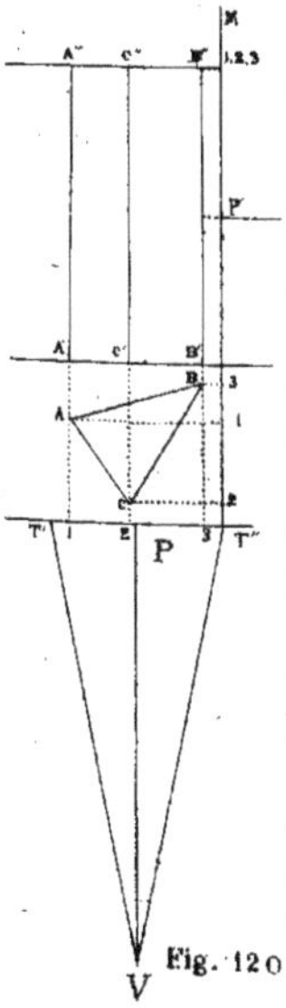

Soit à mettre en perspective le prisme droit dont les projections sont A C B et A' C' B' B" C" A" (fig. 120).

Nous choisissons d'abord, par rapport à la projection horizontale, la place que nous voulons comme point de vue. Si nous désirons voir les 2 faces A C et C B par exemple, nous placerons notre point de vue en avant des 2 faces, en V.

Nous plaçons ensuite notre tableau, ou plutôt sa projection horizontale, perpendiculairement à la ligne V P qui viendrait de notre œil au milieu du plan du prisme.

Nous abaissons des points A, B et C des perpendiculaires sur le tableau, ce qui nous détermine les 3 points 1, 2 et 3 qui sont à droite et à gauche de P et qui constituent *l'échelle des largeurs*.

Elevons maintenant, à côté du plan A B C, une perpendiculaire au tableau T" T, et sur cette ligne abaissons également des perpendiculaires des points A, B et C.

Nous obtenons également, à partir de T", 3 points que nous avons soin de noter de façon que les pieds des perpendiculaires abaissées du même point sur T' T" et sur T" T, portent le même numéro. Nous avons alors T" 2, 1, 3 qui constitue *l'échelle des profondeurs*.

Fig. 120

Enfin nous prenons, à côté de l'élévation, une ligne T M perpendiculaire à la ligne de terre L T et sur cette ligne nous abaissons des perpendiculaires des différents points de l'élévation.

Dans le cas que nous avons choisi, les perpendiculaires se confondent au même point 1, 2, 3.

Nous obtenons sur T M, à partir de T, *l'échelle des hauteurs*.

Nous indiquons sur cette ligne la hauteur à laquelle nous plaçons notre point de vue par rapport à la hauteur de l'objet. Nous le plaçons en P'.

Voyons comment, au moyen des renseignements que nous donnent ces 3 échelles, nous allons pouvoir tracer la perspective du prisme.

La hauteur de notre ligne d'horizon étant à environ la moitié de la hauteur de l'objet, nous la mettons au milieu du tableau en H H Z (fig. 121).

Nous plaçons ensuite le point principal P et la distance P D que nous avons choisie de notre œil au tableau.

Abaissons ensuite du point P une perpendiculaire P P' égale à P' T de la fig. 120,

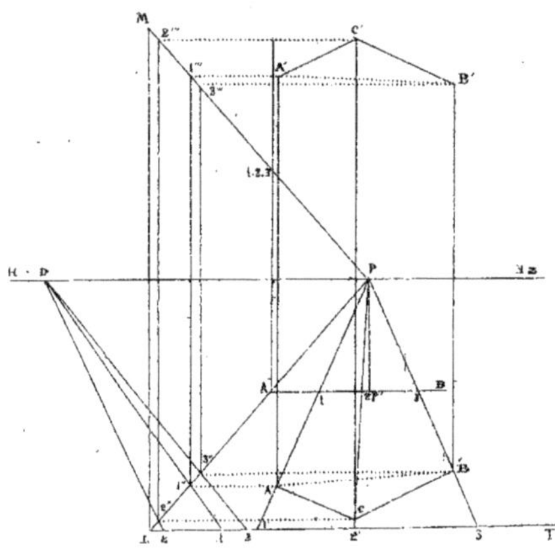

Au point P' nous traçons une parallèle à la ligne d'horizon A B sur laquelle nous reportons, à partir de P', les distances des différents points de l'échelle des largeurs.

Par le point A, pris en dehors des divisions de l'échelle des largeurs, nous faisons ensuite passer une droite à partir du point P et nous la prolongeons d'une longueur égale à autant de fois P A que nous voulons agrandir de fois la perspective qu'on obtiendrait par les données que nous venons de déterminer dans la fig. 120.

Si nous voulons agrandir 2 fois cette perspective, nous prendrons P L == 2 fois P A. Si nous voulons l'agrandir 3 fois, 4 fois, etc., nous prendrons P L == 3 fois, 4 fois P A.

Fig. 121

Si nous voulons l'agrandir 2 fois plus une fraction, nous prendrons P L == 2 fois P A plus la fraction que nous désirons.

Dans notre exemple, nous avons pris P L == 2 fois 1/3 P A.

C'est sur cette ligne P L que nous aurons, en perspective, les profondeurs des différents points du plan.

Au point A, nous élevons une perpendiculaire sur laquelle nous portons l'échelle des hauteurs, et du point L nous faisons partir une verticale L M et une horizontale L T.

Sur cette horizontale, à partir de L, nous portons l'échelle des profondeurs de la fig. 120.

Nous n'avons plus, maintenant, qu'à faire nos opérations.

Pour cela, nous joignons P aux points 1, 2, 3 de l'échelle des largeurs que nous avons reportée sur A B et nous prolongeons ces lignes qui nous donnent sur L T les points 1', 2' et 3'.

Des points 2, 1 et 3 de l'échelle des profondeurs que nous avons reportés sur L T.

nous menons des droites à D. Ces droites coupent L P aux points 2", 1" et 3" qui sont les profondeurs des points A, B et C.

Par ces points nous faisons passer des horizontales qui viennent couper les lignes P 1' P 2' et P 3' aux points A, B et C qui nous donnent la perspective de la base du prisme.

Les verticales partant de ces points ont toutes la même hauteur. On la détermine en perspective, pour chacune d'elles, en joignant P à 1, 2, 3 de l'échelle des hauteurs et en prolongeant cette ligne jusqu'en M.

Les lignes L P et M P constituent l'échelle des hauteurs.

La verticale partant de A aura une hauteur égale à 1" 1'". La verticale partant de C aura une hauteur égale à 2" 2'" et B B' sera égal à 3" 3'".

Joignant ces points 2 à 2 nous avons la perspective demandée.

Cherchons maintenant à nous rendre compte de l'exactitude des résultats que nous avons obtenus.

En joignant P aux points 1 et 2, nous avons formé un triangle 1 P 2 dont les côtés P 1 et P 2 prolongés sont coupés par une parallèle 1' 2'. Nous avons donc 2 triangles semblables 1 P 2 et 1' P 2'.

Il en est de même des triangles A P 1 et L P 1' ; mais dans ces derniers les côtés sont entre eux comme 1 à 2 1/3, puisque L P == 2 fois 1/3 A P, par construction.

Les proportions entre les côtés des 2 triangles 1 P 2 et 1' P 2' seront aussi les mêmes puisque les côtés P 1 et P 1' sont communs.

Les côtés 1, 2 et 1', 2' seront donc entre eux comme 1 à 2 1/3.

Il en est de même entre 2, 3 et 2' 3, pour les mêmes raisons.

Ainsi sur la ligne L T nous avons agrandi chacune des dimensions de l'échelle des largeurs 2 fois 1/3.

Il faudra donc, pour obtenir une perspective exacte augmenter de même les profondeurs, les hauteurs et la distance du spectateur au tableau.

Les hauteurs sont bien augmentées dans cette proportion, puisque nous avons les 2 triangles M P L et 1, 2, 3 P A qui sont aussi semblables et dont les côtés sont entre eux comme 1 à 2 1/3 puisque les côtés L P et A P sont aussi communs.

Pour trouver la profondeur des 3 points A, B, C par rapport au tableau, nous savons qu'il suffit de faire passer par chacun d'eux une perpendiculaire et une ligne à 45° par rapport au tableau, comme dans la méthode générale (n° 124).

Nous avons donc la profondeur du point A, par exemple, qui sera sur une perpendiculaire au tableau et sur une ligne à 45° partant de la ligne de terre, à une distance du pied de la perpendiculaire égale à T" 1 (fig. 120).

Le point de départ de la ligne à 45° qui déterminera le point C sera à une distance égale à T" 2 du pied de la perpendiculaire et pour le point B nous aurons une distance égale à T" 3.

Nous pouvons chercher ces profondeurs sur la même perpendiculaire, puis les reporter sur les perpendiculaires passant par A, B et C; le résultat sera le même.

C'est ce que nous avons fait en reportant les 3 longueurs T" 2, T" 1 et T" 3 de la fig. 120, à droite du pied L de la perpendiculaire P L (fig. 121).

Les profondeurs obtenues 2", 1" et 3" ont été reportées au moyen d'horizontales sur 1' P, 2' P et 3' P.

Nous n'avons pas augmenté les dimensions de l'échelle des profondeurs à partir de I ni la distance P D et pourtant, d'après les données que nous avons choisies, toutes ces mesures devraient être 2 fois 1/3 plus grandes.

Pourtant notre résultat est exact, car nous avons opéré comme dans le cas des points de distance réduits, vu dans la méthode générale (n° 133).

Les longueurs L 2, L 1 et L 3 étant 2 fois 1/3 plus petites que nous devrions les avoir et la distance aussi, le point d'intersection de 2 D avec L P nous donnera bien la profondeur de C.

Il en est de même pour les 2 autres points A et B.

Nous avons développé cet exemple afin de bien montrer que toutes les constructions reposent bien sur les principes de perspective que nous avons trouvés au moyen du perspectographe.

Nous allons prendre un deuxième exemple et nous contenter d'indiquer la marche des constructions.

138 — Mettre en perspective une pyramide pentagonale tronquée.

Soit à mettre en perspective, par la méthode de trois échelles, la pyramide tronquée dont le géométral est donné fig. 122.

Si nous désirons voir la section en perspective, nous placerons notre tableau, par rapport au plan, de façon que le spectateur voie la section.

Nous indiquons le point principal P et nous donnerons une distance du point de vue au tableau égale à environ 2 fois 1/2 la largeur du tableau.

Nous abaissons des différents points du plan des perpendiculaires sur le tableau, ce qui nous donne l'échelle des largeurs 1, 2, 3, 4, 5, 6, 7, 8, 9, 10, 11.

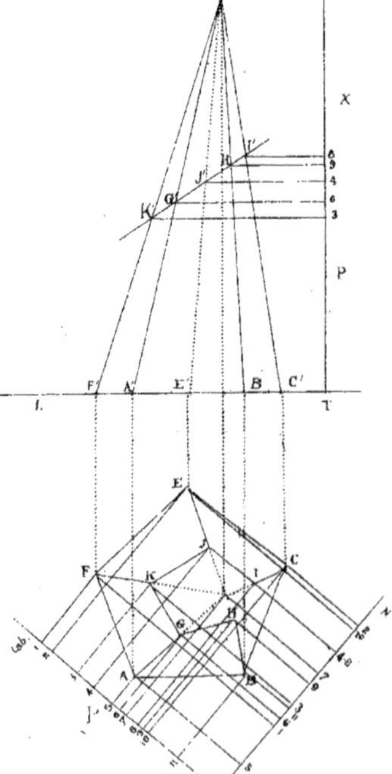

Fig. 122

Elevons au tableau une perpendiculaire M N en dehors du plan pour avoir l'échelle des profondeurs que nous obtenons en abaissant sur cette ligne des perpendiculaires des mêmes points du plan.

Nous avons l'échelle M, 5, 1, 6, 11, 3, 9, etc.

Nous avons eu soin de noter du même chiffre les pieds des perpendiculaires abaissées du même point. Ainsi le point E se trouve au N° 2 de l'échelle des largeurs et de l'échelle des profondeurs. Les points 5 représentent le point A, etc.

En dehors de l'élévation nous élevons T X perpendiculaire à la ligne de terre. Sur cette ligne nous abaissons des perpendiculaires des points K', G', J', H', I'. Nous donnons au pied de la perpendiculaire partant de K' le numéro qui a été employé pour ce point dans les 2 premières échelles, c'est-à-dire le numéro 3. De même pour les autres points.

Nous indiquons également la hauteur de notre œil par rapport à la ligne de terre, en P.

Avec une feuille de papier à dessin, nous pouvons chercher nos échelles en plaçant le géométral dans un coin de la feuille et il nous reste suffisamment de place pour faire la perspective que nous représentons dans la fig. 123.

Notre point de vue étant au-dessus du milieu de la projection de la pyramide tronquée, nous mettons la ligne d'horizon au-dessus du milieu de la place où nous voulons faire la figure perspective. Nous indiquons ensuite le point principal et le point de distance de manière que P D soit égal à 2 fois 1/2 environ la projection du tableau, tab. M de la fig 122.

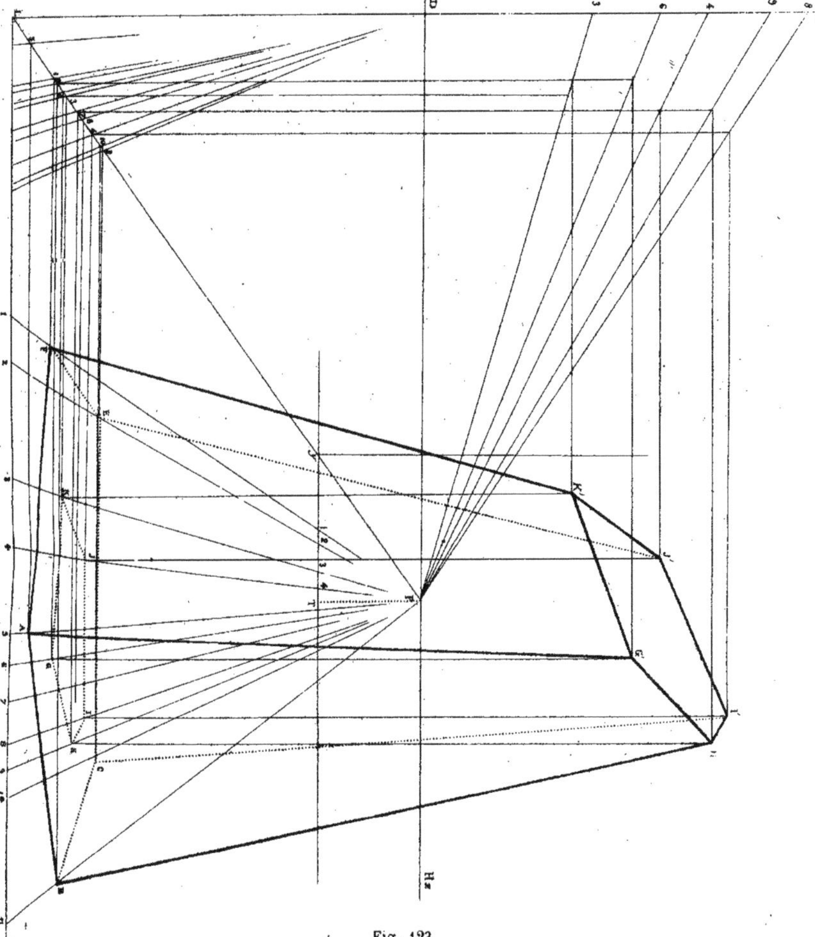

Fig. 123

Nous abaissons de P une perpendiculaire à la ligne d'horizon égale à P T, soit P T'; au point T' nous faisons passer une parallèle à la ligne d'horizon et sur cette ligne nous reportons à partir de T' l'échelle des largeurs telle que nous l'avons obtenue à droite et à gauche de P du plan numéro 122.

Nous désirons une perspective agrandie environ 4 fois; pour l'obtenir, nous faisons une 2e parallèle à la ligne d'horizon placée à une distance égale à 4 fois P T' environ.

Nous abaissons, de D, une perpendiculaire sur L T, nous joignons L à P et à l'intersection Y nous élevons une verticale sur laquelle nous portons l'échelle des hauteurs.

Joignons maintenant le point P aux différents points de l'échelle des largeurs et de l'échelle des hauteurs et nous obtenons ces échelles agrandies 4 fois en prolongeant ces lignes jusqu'en L R et en L T.

Pour obtenir les profondeurs, nous portons l'échelle des profondeurs sur L T, à partir de L et nous joignons ces points au point D. Ces lignes coupent L P aux points 5, 1, 9, 6, etc., qui indiquent la profondeur des différents points du plan.

Ces points se trouvant sur les perpendiculaires au tableau qui se terminent aux points 1, 2, 3, etc., de la ligne L T, nous faisons passer des horizontales par les différents points de l'échelle des profondeurs L P et les intersections de ces lignes nous donnent le plan en perspective. Le point A se trouve à la rencontre des lignes partant de 5 de l'échelle des largeurs et de 5 de l'échelle des profondeurs. Le point B aux intersections des lignes portant le numéro 11, etc.

Il ne nous reste plus qu'à indiquer les hauteurs des différents points de la coupe dont la projection perspective est G, H, I, J, K.

La hauteurs de K qui porte le numéro 3 sera la verticale élevée du point 3 de l'échelle des profondeurs L P jusqu'à la ligne 3 de l'échelle des hauteurs.

Le point G qui porte le numéro 6 sera la verticale élevée du point 6 de L P jusqu'à la rencontre de la ligne 6 P de l'échelle des hauteurs et ainsi de suite pour les autres points.

Joignons 2 à 2 tous les points ainsi obtenus et nous obtenons la pyramide tronquée en perspective : A, B, C, E, F, G', H', I', J' K'.

CHAPITRE VIII

139. — Méthode des deux échelles.

Nous venons de montrer la méthode des 3 échelles et les avantages qu'elle a sur la méthode générale.

Nous allons maintenant exposer une troisième méthode que nous pouvons appeler méthode des 2 échelles, car nous déterminerons seulement l'échelle des largeurs et l'échelle des hauteurs, l'échelle des profondeurs se réduisant à cette dernière.

Nous remarquerons les avantages qu'elle présente par rapport à la méthode des 3 échelles. Elle nous permet de supprimer les points de distance dans les constructions de la perspective et d'obtenir, au moyen d'une seule construction la hauteur perspective de chaque point, au lieu d'être obligé de la chercher sur l'échelle des hauteurs comme dans la méthode précédente.

Pour nous rendre compte plus facilement de la manière d'opérer, nous prendrons un exemple très simple et nous verrons comment ce point de départ pourra nous conduire à la méthode des 2 échelles.

140. — Mettre en perspective une ligne horizontale.

Soit à mettre en perspective la ligne horizontale A B en plan (fig. 124).

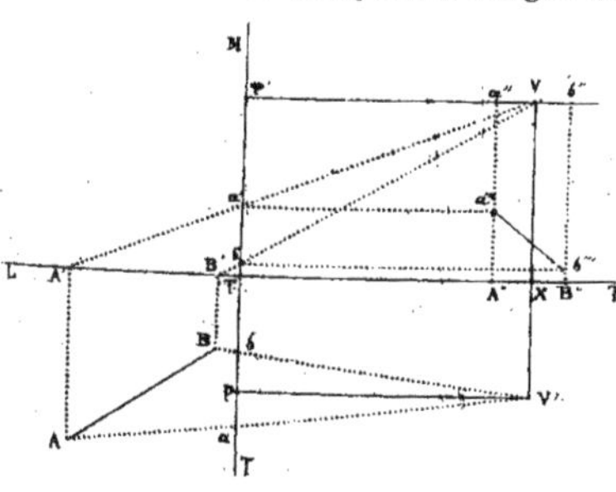

Fig. 124

Nous plaçons la projection du tableau T T' dans la position que nous lui avons choisie par rapport à A B, puis, perpendiculairement au tableau, nous faisons la ligne de terre L T qui sépare le plan de l'élévation de la ligne. En élévation cette ligne sera A' B'.

Nous indiquons également notre tableau en élévation, ce qui nous donne T M.

Choisissons maintenant, par rapport à la projection horizontale du tableau, la position que nous voulons voir occuper au spectateur pour dessiner la ligne Nous le plaçons en V'.

Par rapport à l'élévation du tableau, il se trouvera également à la même distance, c'est-à-dire sur V' V, parallèle à T M.

Nous choisissons également la hauteur de l'œil par rapport à la ligne de terre. Nous le mettrons à une hauteur égale à T P' par exemple

Les 2 projections de l'œil étant choisies, le point principal se trouvera, en projection horizontale en P et en projection verticale, en P'.

Voyons maintenant comment les rayons lumineux partant de A et de B viendront couper le tableau pour se réunir à l'œil du spectateur.

En projection horizontale, ces rayons couperont le tableau aux points a et b, et en projection verticale, aux points a' et b'.

Supposons maintenant que notre tableau est vu de face, et examinons comment ces intersections vont nous permettre de construire notre perspective.

Nous pouvons placer notre tableau à droite de T M et au-dessus du prolongement de la ligne de terre L T T'.

Nous avons la ligne d'horizon qui est P' V puisque la hauteur de l'œil par rapport à la ligne de terre est T P'.

Nous pouvons nous servir du point V comme point principal.

Nous savons que les 2 points A et B se trouvent à droite et à gauche du point principal, à des distances P b et P a. Nous les reportons à droite et à gauche du point V en a'' et b'', ou bien sur la ligne de terre à partir du pied X de la perpendiculaire abaissée du point principal sur la ligne de terre.

Nous faisons passer par ces points des perpendiculaires à la ligne de terre, a'' A et b'' B''. Les points cherchés se trouveront forcément sur ces 2 lignes.

Mais nous savons également qu'ils doivent se trouver au-dessus de la ligne de terre, à des hauteurs déterminées par a' et b'.

Par ces points, si nous faisons passer des horizontales parallèles à la ligne de terre, les points cherchés se trouveront également sur ces droites.

Ainsi le point A, en perspective, doit se trouver à la fois sur a'' A'' et sur la parallèle à la ligne de terre passant par a'. Il ne pourra donc se trouver qu'au point d'intersection de ces 2 lignes, c'est-à-dire en a'''.

De même le point B se trouvera pour la même raison en b'''.

La ligne A B sera donc $a''' b'''$ en perspective.

Pour éviter toute erreur dans les lignes de construction qui peuvent être nombreuses dans une figure compliquée, nous pouvons donner aux intersections des rayons lumineux partant du même point, le même numéro sur la projection verticale et sur la projection horizontale du tableau.

Cela permet de trouver plus facilement le point perspectif cherché, si nous savons qu'il se trouve à l'intersection de 2 lignes portant toutes 2 le numéro 7, par exemple.

Prenons un exemple.

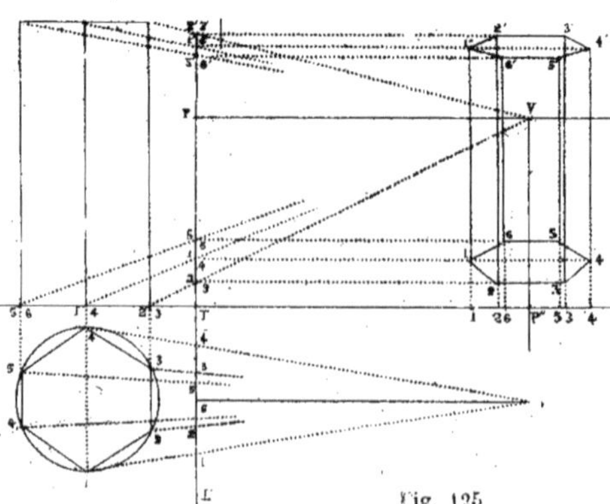

Fig. 125

141. — Mettre en perspective un prisme exagonal régulier.

Soit à mettre en perspective le prisme dont la projection horizontale est 1, 2, 3, 4, 5, 6 et la projection verticale 5-6, 1-4, 2-3, 2'-3', 1'-4', 6'-5' fig. 125).

La projection du tableau étant P T sur le plan vertical et T L' sur le plan horizontal.

Le point de vue étant en V sur le plan vertical et en V' sur le plan horizontal, nous aurons pour projection de ce point les 2 points P et P' sur les 2 projections du tableau.

Les rayons lumineux partant de chacun des points du prisme pour aller se rejoindre à l'œil, détermineront sur la projection verticale du tableau la hauteur que ces points occuperont dans la figure perspective.

Les points 2 et 3 seront à la hauteur que nous indiquons également sur le tableau par 2 et 3 ; les points 1 et 4, par 1 et 4, etc.

Sur la projection horizontale, ces points se trouveront à droite et à gauche de P'. aux points que nous indiquons par les mêmes chiffres 1, 2, 3, 4, 5, 6.

Si nous reportons ces dernières distances sur le tableau, à droite et à gauche de P'', et que nous élevions par ces points des perpendiculaires à la ligne de terre, nous savons que le point 1 se trouve sur la perpendiculaire partant de 1 ; mais comme il doit se trouver à la hauteur de 1 de la projection verticale du tableau, il se trouvera également sur la parallèle à la ligne de terre partant de ce point Il est donc au point d'intersection de ces 2 lignes, c'est-à-dire en 1. Il en sera de même du point 2 qui doit se trouver à l'intersection de la verticale et de l'horizontale partant des points qui portent le chiffre 2, etc

Nous n'avons plus qu'à relier ces points et nous avons la perspective cherchée de la base du prisme.

De chacun de ces points partent des verticales dont les hauteurs sont données par les points 5'-6', 1'-4', 2'-3' de la projection verticale du tableau.

Nous n'avons qu'à les reporter sur les verticales portant le même chiffre et nous avons le prisme en perspective.

On remarquera que ce moyen rend toute erreur difficile, et qu'il est relativement rapide si on se sert du T et de l'équerre pour ces lignes de construction.

Pour proceder plus rapidement en reportant sur la ligne de terre du tableau les intersections des rayons lumineux, on peut se servir d'une bande de papier sur laquelle on prend toutes ces mesures pour les reporter d'une seule fois sur la ligne de terre du tableau, à partir, bien entendu, du pied de la perpendiculaire abaissée du point principal sur cette ligne, en mettant à droite les points qni sont à droite de P' sur la projection horizontale du tableau, et à gauche ceux qui sont à gauche.

Dans les 2 exemples précédents, la figure perspective est toujours plus petite que le géométral. Nous allons voir comment nous pourrons obtenir un agrandissement d'une manière très simple, par l'exemple suivant.

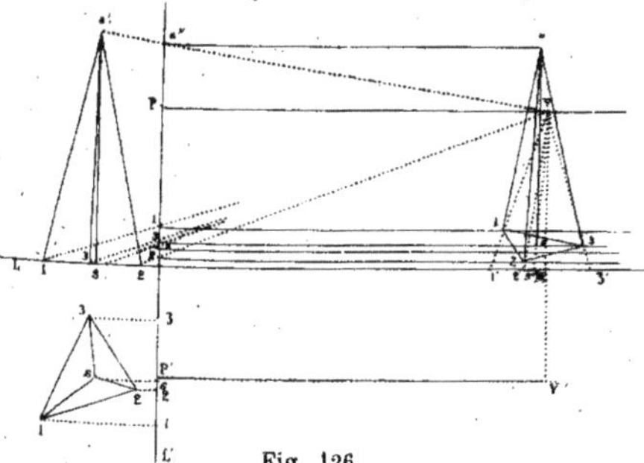

Fig. 126

142. — Mettre une pyramide en perspective.

Soit à mettre en perspective la pyramide dont les projections sont données fig. 126.

Nous employons pour trouver la hauteur des différents points sur le tableau, la méthode des problèmes précédents ; mais sur la projection horizontale, au lieu de faire converger en V' les rayons partant de 1, 2, 3 et s, nous menons de chacun de ces points des perpendiculaires au tableau 1-1, 2-2, etc.

Nous avons alors les points qui reportés sur T T', à droite et à gauche de M, sont les points de départ des lignes horizontales perpendiculaires au tableau qui passent par tous les points du plan que nous cherchons en perspective. Elles vont se réunir au point principal. Cela nous donne les lignes 1' V, 2' V, s' V et 3' V.

Les points 1, 2, 3 et s du plan devant se trouver en perspective sur ces lignes et aux différentes hauteurs T 2, T s, T 3 et T 1, nous les obtenons par les intersections des parallèles à la ligne de terre partant de ces hauteurs avec les perpendiculaires au tableau.

Cela nous donne le plan perspectif 1, 2, 3 s.

Nous obtenons la hauteur de la verticale passant par s et déterminant le sommet de la pyramide en faisant passer par s" une parallèle à la ligne de terre.

Le point s trouvé en perspective, il ne nous reste plus qu'à le relier aux points 1, 2 et 3 de la base pour avoir la perspective cherchée.

143. — Agrandissement de la figure précédente.

Dans la figure que nous venons d'obtenir, nous avons également un résultat plus petit que les projections de l'objet. Voyons comment il nous est possible de l'agrandir.

Supposons que nous désirions obtenir une figure 2 fois plus grande que celle obtenue dans l'exemple précédent, par conséquent égale à 2 fois la hauteur 2 s".

Nous plaçons (fig. 127) la ligne d'horizon aux 2/3 environ de la hauteur du tableau afin que le dessin soit bien en feuille : la hauteur du point de vue étant à peu près aux 2/3 de la pyramide.

A la distance P T (fig. 126) de la ligne d'horizon, nous traçons la ligne de terre A M (fig. 127) sur laquelle nous portons à partir de M, les différents points de l'échelle des largeurs, tels que nous les avons trouvés, à partir de P' fig. 126).

(Il ne faut pas oublier que M est le pied de la perpendiculaire abaissée du point principal sur la ligne de terre.)

En dehors de l'échelle des largeurs, nous élevons une verticale A s" sur laquelle nous portons l'échelle des hauteurs.

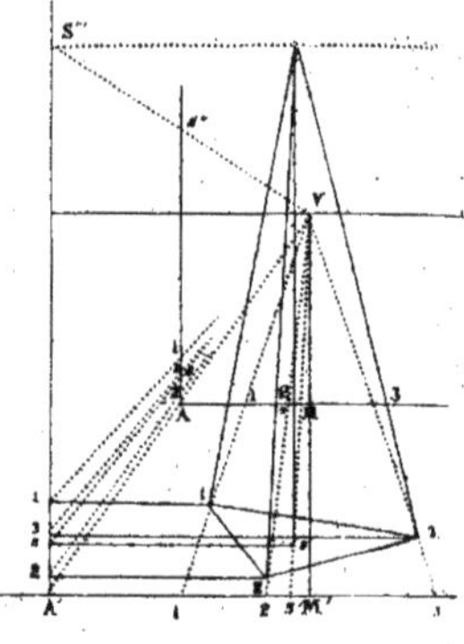

Fig. 127

Joignons maintenant le point V au point A et prolongeons la ligne en A' d'une longueur égale à V A. Faisons passer par A' une verticale A' S'" et une horizontale A' G.

Si nous joignons le point principal aux différents points de l'échelle des largeurs et que nous prolongions ces lignes jusqu'en A' G, chacune des largeurs se trouvera doublée triangles semblables) ; mais les hauteurs se trouveront également doublées si nous menons des droites du point principal aux différents points de l'échelle des hautenrs et si nous prolongeons ces droites jusqu'à la verticale A' s'".

Il ne nous restera plus qu'à faire passer des horizontales par les points de la nouvelle échelle des hauteurs pour déterminer avec les perpendiculaires au tableau partant de la nouvelle échelle des largeurs, les intersections déterminant la perspective de la pyramide agrandie 2 fois.

Si nous voulions produire un agrandissement de 3 fois, nous prendrions V A'= 3 fois V A

Nous aurions une figure perspective agrandie 3 fois 1/2 si nous prenions V A' = 3 1/2 V A, etc.

Nous terminerons l'exposition de cette méthode par un dernier exemple.

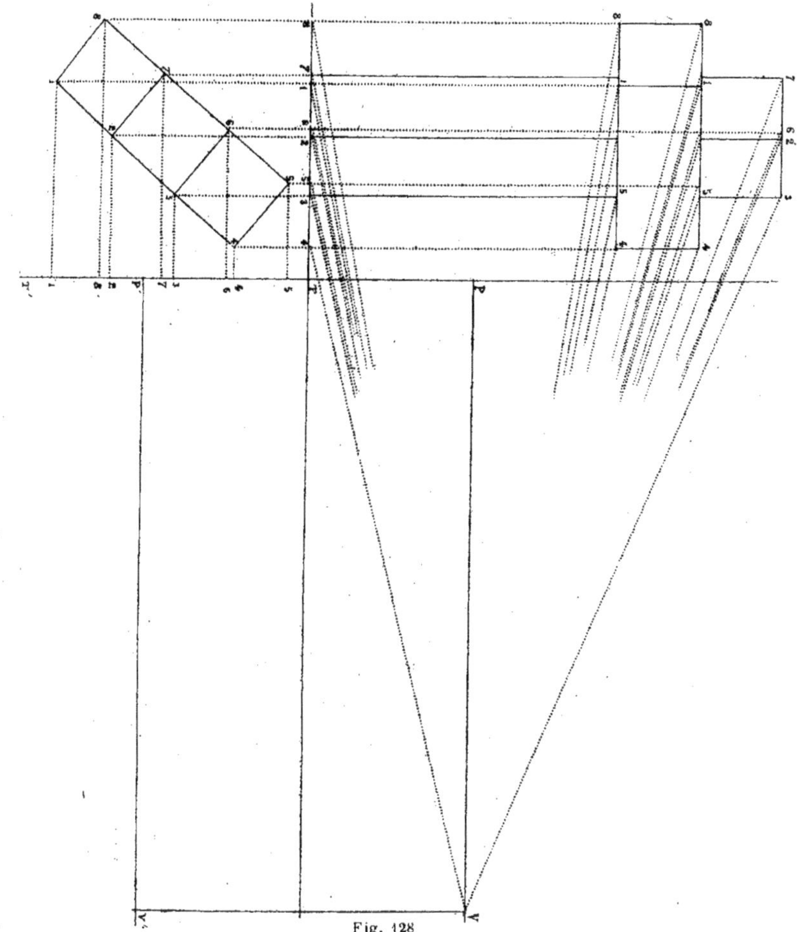

Fig. 128

144. — Mettre en perspective une croix en pierre.

Étant donné le géométral de la croix, nous nous proposons de faire une figure perspective un peu plus grande que 2 fois l'échelle des hauteurs (fig. 128).

Pour cela, nous prendrons (fig. 129) L' P un peu plus grand que 2 fois L P.

Les constructions étant les mêmes que dans le problème précédent, nous ne les indiquerons pas dans le cas présent. Une simple inspection des fig. 128 et 129 permettant de s'en rendre compte.

Nous attirerons seulement l'attention du lecteur sur une anomalie qui paraît d'abord existen entre le géométral de l'objet et sa perspective qui a l'air d'être renversée par rapport à l'élévation.

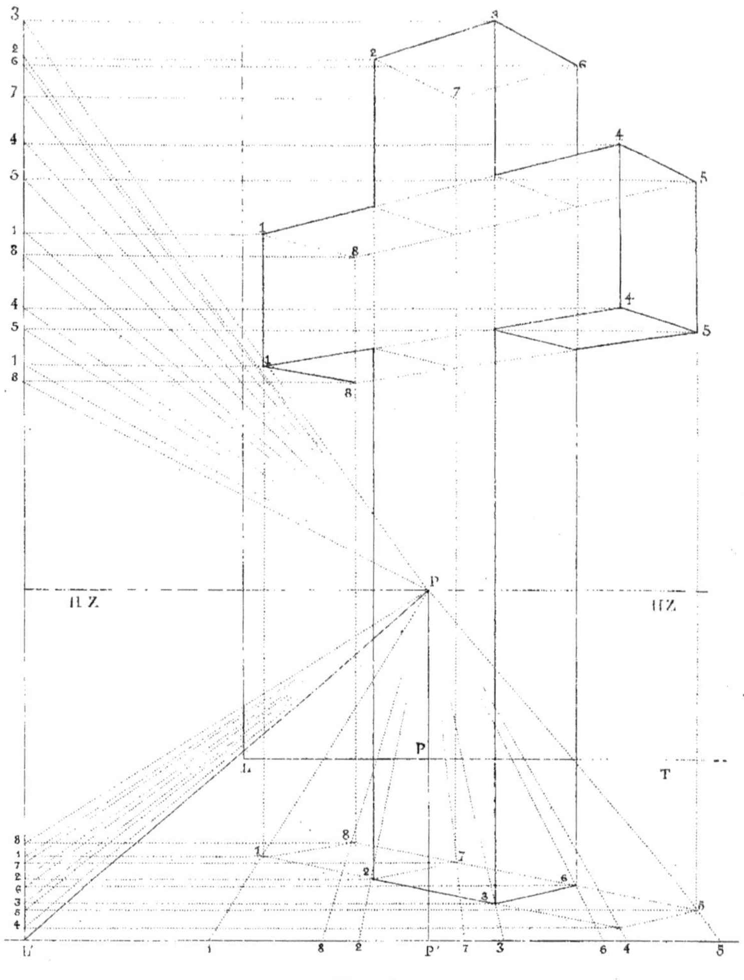

Fig. 129

Il ne faut pas perdre de vue le point de départ de cette méthode. La perspective qu'on obtient est celle qui est cherchée avec les données de la fig. 128. L'œil n'est pas en avant du géométral, mais à droite, et la figure perspective est bien celle qu'on doit obtenir avec ce point de départ qu'on a choisi.

La perspective est vue comme si le point 4 était du côté du tableau T T' (fig. 128), ce qui existe en effet dans les données du géométral.

CHAPITRE IX

145. — Applications de la perspective au dessin d'imitation. Perspective immédiate.

Dans le dessin d'imitation, le dessinateur reproduit directement sur le tableau l'objet qu'il a à dessiner, et cela sans en avoir ni plan, ni élévation, ni aucune des mesures ; il peut cependant se faire qu'il lui paraisse nécessaire de s'assurer, par quelques constructions, que son dessin est bien conforme aux règles de la perspective.

Nous passerons en revue les cas qui peuvent se présenter et nous nous rendrons compte, au moyen des principes de la perspective, des constructions que nous devrons faire pour une perspective immédiate sur le tableau.

Mais avant de passer à l'étude de ces problèmes qui serviront de complément aux méthodes précédentes, il ne sera pas inutile de considérer quelques moyens pratiques par lesquels un dessinateur encore peu expérimenté arriverait à déterminer, d'une manière exacte, la direction d'une ligne dans un dessin, sa grandeur par rapport à une autre, etc, ce qui constitue le dessin d'imitation

146. — Position du tableau.

Lorsque nous avons à dessiner un objet, la grandeur du dessin que nous obtiendrons dépend de notre volonté ou nous est imposée par la grandeur de notre tableau.

Dans tous les cas, cette grandeur étant choisie, nous pouvons nous demander quelle est la place du tableau par rapport au spectateur et à l'objet.

Supposons une verticale A B à dessiner et le spectateur en O. Les rayons lumineux venant se réunir à l'œil, déterminent un triangle A B O qui est coupé par le tableau suivant $a\,b$, parallèle à A B (fig. 130).

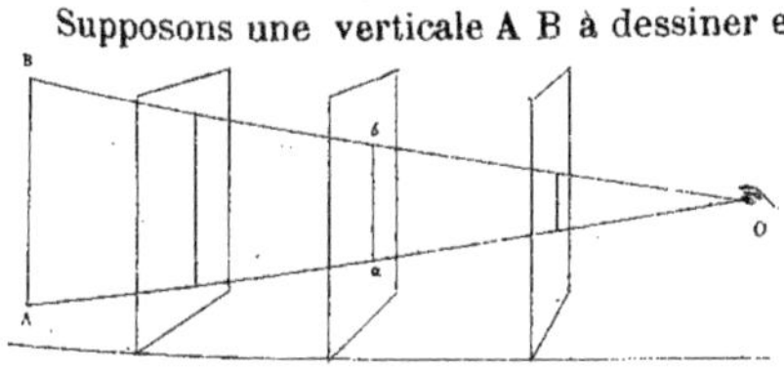

La grandeur de $a\,b$ par rapport à A B dépendra de la place du tableau entre l'œil et l'objet. Si le tableau est placé à égale distance de l'œil et de l'objet, le

Fig. 130.

dessin sera d'une grandeur égale à la moitié de la grandeur de l'objet. S'il est placé au 1/4 de la distance à partir de l'œil, il sera le 1/4 de la grandeur de l'objet, il en sera les 3/4 s'il est placé aux 3/4 de la distance, à partir de l'œil, etc, (d'après les propriétés des triangles semblables).

Nous voyons donc que la grandeur du dessin par rapport à l'objet est proportionnelle à la distance de l'œil au tableau par rapport à la distance de l'œil à l'objet.

La figure ci-contre rend inutile toute autre démonstration géométrique.

Ainsi, lorsque le dessin sera aussi grand que l'objet, c'est que le tableau sera supposé appliqué sur l'objet lui-même.

Il sera supposé au-delà de l'objet si le dessin est plus grand.

147. — Trouver la direction d'une ligne.

Nous choisirons comme exemple l'élève qui dessine un cube, pour prendre un cas simple. La manière d'opérer pouvant s'appliquer à tous les objets, même à ceux de formes plus compliquées.

Supposons le dessinateur en V, (fig. 131). ayant pris comme point de départ, pour son dessin, la ligne verticale A' B' représentant la verticale A B du cube, c. a. d. celle qui est la plus rapprochée du tableau.

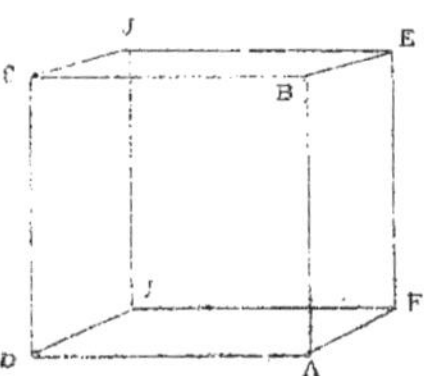

Fig. 131.

Nous supposons qu'aucune des faces du cube n'est parallèle au tableau. Par conséquent la ligne d'horizon se trouvant comprise entre la face supérieure et la face inférieure du cube, toutes les horizontales seront plus ou moins inclinées.

Supposons que, partant du point B', nous désirions trouver la direction de B C dans le dessin.

Si notre tableau était transparent, nous n'aurions qu'à le placer verticalement entre notre œil et le cube et à suivre la direction de la ligne cherchée ; mais comme il n'en est pas ainsi, nous abaisserons notre tableau de façon que le bord supérieur soit bien horizontal ; ainsi nous conserverons à la ligne A' B' la direction verticale, puis au moyen d'une règle que nous plaçons de manière qu'une partie repose sur notre tableau et que l'autre soit en dehors, nous suivons la direction de B C. Dans notre exemple, le spectateur voit la ligne c b dans cette direction. Cette ligne est en dehors de notre dessin ; mais la partie inférieure c' b', de la règle, est parallèle à c b, et de plus, elle est appliquée sur le tableau. Traçons légèrement cette dernière ligne c' b', afin de ne pas salir notre papier. Elle nous donne la direction de B C dans notre dessin.

Il ne nous restera plus qu'à faire passer par B' une parallèle à la ligne b' c' pour avoir la direction de B C telle que nous l'aurions obtenue au moyen du perspectographe.

Nous pouvons de la même manière, trouver les directions de A D, B E et A F ; mais nous ne savons pas où s'arrêtent les points F et D, c'est-à-dire la grandeur des lignes A D et A F par rapport à A B.

148. — Trouver la grandeur d'une ligne par rapport à une autre.

Pour obtenir la grandeur de ces lignes, on se sert du moyen qui consiste à les mesurer avec le crayon, le bras tendu, en plaçant toujours le crayon de manière qu'il soit supposé appliqué sur le tableau vertical.

La pointe du crayon étant placée vis-à-vis du point A, on place l'ongle du pouce de manière qu'il soit en face du point F, et par conséquent la distance comprise entre la pointe du crayon et l'ongle représente la ligne A F dans la comparaison que nous voulons faire.

Si nous reportons cette distance sur la ligne A B, en partant de A, il est évident que si la pointe du crayon arrive vis-à-vis B, la ligne A F sera, dans notre dessin, de même grandeur que A B. Si, au contraire, elle arrive vis-à-vis du milieu de A B, la ligne A F sera égale à la moitié de A B.

Dans ces cas, la longueur de A F sera facile à déterminer, parce que les proportions sont exactes ; mais les proportions ne sont pas toujours faciles à évaluer, comme, par exemple, si la distance A F, reportée sur A B, arrive aux 5/6 ou aux 7/8 de cette dernière. L'œil, dans ces cas, ne saisit les proportions que d'une manière très approximative.

Nous pouvons alors employer le moyen suivant :

Appliquons l'une sur l'autre 2 bandes de papier, ou mieux encore, prenons 2 réglettes d'un mètre pliant, plaçons-les de façon qu'elles soient toujours dans la position qu'elles occuperaient si elles étaient appliquées sur le tableau ; plaçons l'une, G *a*, dans la direction de B A (fig. 132) et l'autre de façon qu'elle paraisse partir de B et vienne passer par F, c'est-à-dire qu'elle soit dans la direction de B F

Fig. 132.

Il est évident que l'angle *a* G *f* donné par ces réglettes nous représentera l'angle qu'on obtiendrait au moyen du perspectographe.

Si donc nous appliquons cet angle sur A' B' à partir de B (fig. 131) dans notre dessin commencé, la ligne G *f* déterminera avec la direction A' F' que nous avons déjà trouvée, l'intersection qui représentera le point F' et par conséquent la grandeur A' F'' sera déterminée sur le tableau.

On pourra opérer de même pour trouver les autres points D et I qui sont les points de départ des verticales qui permettent de terminer le cube.

149. — Manière d'obtenir les principaux points d'un paysage.

Afin de mettre exactement un paysage en place, nous supposons que le paysage à dessiner est choisi : qu'il comprendra le terrain qui s'étend depuis le rocher que nous voyons à droite (fig. 133) jusqu'à l'arbre de gauche.

Le spectateur placera son tableau à une distance convenable de son œil pour que les extrémités du bord supérieur aboutissent, l'une à l'arbre et l'autre à la partie où l'on a l'intention de s'arrêter dans le rocher, ce qui sera facile en éloignant plus ou moins le tableau.

Nous indiquons ensuite au moyens de points sur la ligne A B, la place où les rayons lumineux partant des principaux points du paysage viennent couper cette ligne

Nous savons alors que les parties que nous venons de noter se trouveront sur les verticales du tableau passant par ces points.

Conservant toujours notre tableau à la même distance de l'œil, si nous l'élevons de manière à placer le côté A C pour qu'il comprenne du point A au point C ce que nous choisissons pour la hauteur du paysage, nous pourrons déterminer par des points sur le côté A C, la hauteur que doivent occuper, dans notre toile, les points dont nous avons déjà la place en largeur.

Ces points se trouveront donc aux intersections des horizontales passant par les divisions de A C et des verticales passant par les divisions de A B.

Il est bien entendu que ces moyens, utiles pour les commençants, deviennent inutiles pour les dessinateurs habiles.

Fig. 133.

Ils permettent de mettre en place, sur notre tableau, les grandes lignes d'un dessin.

Nous allons passer en revue les problèmes de perspective qui peuvent se présenter avec ce point de départ et que nous pouvons appliquer directement sur le tableau.

150. — **Partager une ligne perspective en 2 parties égales.**

Soit à partager la ligne A B, perspective, en 2 parties égales.

Ce problème peut se résoudre de plusieurs manières. 1° (fig. 134) joignons un point quelconque, C, de la ligne d'horizon aux extrémités A et B de la ligne. Prolongeons la ligne C B jusqu'à la rencontre de la ligne horizontale que nous faisons passer par A.

Partageons la ligne A E en 2 parties égales au point F, joignons ce point à C et la ligne A B est partagée en deux parties égales en perspective, au point G.

Démonstration. — Les 3 lignes A C, F C et E C sont 3 lignes parallèles puisqu'elles ont le même point de fuite. Elles ont entre elles la même distance puisque par construction A F=F E ; par conséquent, une transversalle A B sera partagée par F C en 2 parties égales (géométrie n° 73).

151. — 2° (fig. 135). La ligne A B devant être partagée en 2 parties perspectivement égales, si nous la prolongeons jusqu'à son point de fuite f, que par l'extrémité D d'une horizontale quelconque A D nous menions une parallèle à A B, nous obtiendrons un rectangle A D C B en faisant passer par B une horizontale B C, parallèle au tableau.

Les diagonales du rectangle se couperont en O, centre du rectangle et la ligne G O,
parallèle au tableau, coupera la ligne A B
en 2 parties égales.

152. — 3°(fig. 136). La ligne A B étant
à partager en 2 parties égales, nous pouvons faire passer par A et B des verticales
qui détermineront avec une parallèle à A B
un rectangle vertical A B C D, ce qui nous
permet de faire les mêmes constructions
que dans le cas précédent pour trouver le
point G, milieu de A B.

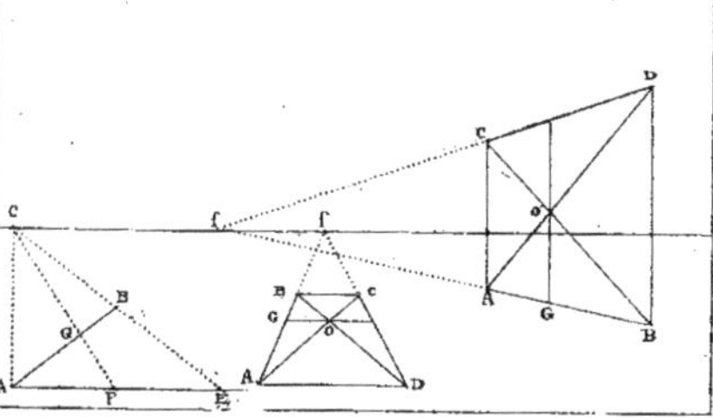

Fig 134, 135, 136.

153. — **Partager une ligne ou une surface perspective en un certain nombre de parties égales.**

Soit à partager la ligne A B (fig. 137) en 5 parties égales.

Faisons passer par B une horizontale, B C, parallèle au tableau. Joignons le point A
en un point *f*, de la ligne d'horizon et prolongeons *f* A jusqu'à la rencontre C de la
ligne B C.

Partageons B C en 5 parties égales aux points 1, 2, 3, 4 et joignons ces points au point
f. Ces lignes partageront A B en 5 parties perspectivement égales.

Démonstration. — Les 6 lignes qui se réunissent en *f* sont, en plan, 6 parallèles
ayant entre elles la même distance, par construction.
Une ligne transversalle A B est, par le fait, partagée
en 5 parties égales. (Géométrie n° 73).

154. — 2ᵉ moyen (fig. 138). La ligne A B étant
à partager en 5 parties égales, prolongeons-là jusqu'à
son point de fuite *f*.

Faisons ensuite passer par A une horizontale
parallèle au tableau, indéfinie, sur laquelle nous por-

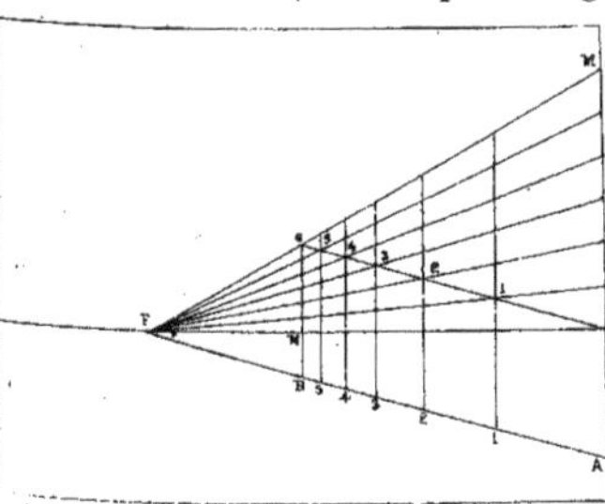

Fig. 137 et 138.

tons 5 longueurs égales A 1, 12, 23, etc. Joignons ces points au point *f*, ce qui nous donne
6 parallèles ayant entre elles 5 longueurs égales.

La droite B C que nous traçons sera coupée en 5 parties perspectivement égales aux
points 4, 3, 2, 1. Si, par ces points, nous faisons passer des horizontales parallèles au
tableau, elles auront aussi entre elles les mêmes distances et partageront la ligne A B
qu'elles rencontrent en 5 parties égales, c, q. f, d.

155. — 3ᵉ moyen. Soit à partager la ligne A B
en 6 parties égales (fig. 139).

Le point de fuite de A B étant F, nous pouvons
prendre à partir de la ligne d'horizon, 6 distances
égales sur la verticale passant par A.

Joignons les points 1, 2, 3, etc. ainsi obtenus au
point F. Elevons la verticale B C et traçons la droite
C E qui coupe les fuyantes au point F, qu'on vient
de tracer, aux points 1, 2, 3, 4, etc. qui sont entre
eux à des distances perspectives égales.

Si nous abaissons des points 1, 2, 3, etc. de la
ligne C E des verticales, elles couperont la ligne A B en 6 parties égales.

Fig. 139.

156 — La hauteur d'une figure étant donnée, placer à différents plans, sur un terrain supposé horizontal, des figures de même grandeur.

Soit la hauteur A B, d'un homme, donnée (fig. 140 . Supposons que nous ayons à déterminer la hauteur d'un personnage de même taille placé en C.

Fig. 140.

Pour cela nous faisons passer par A et B des horizontales qui viennent couper le bord du tableau en M et en N. Joignons ces 2 points en un point F de la ligne d'horizon. Cela nous donnera l'échelle des hauteurs.

L'homme que nous voulons placer en C aura toujours la même hauteur sur la ligne C E du trottoir, cette ligne étant parallèle au tableau.

La hauteur du trottoir étant E F, si nous menons la ligne F G parallèle au tableau, les personnages placés sur cette ligne auront encore mêmes hauteurs. Faisons remonter le trottoir de gauche à notre ligne afin qu'elle arrive en H I rejoindre l'échelle des hauteurs. Le personnage placé en I aura comme grandeur la ligne I J qui sera celle d'un homme placé en C et qu'il fallait déterminer.

Démonstration. — Elle découle de la perspective des hauteurs vue dans la méthode générale (Voir n° 130).

157. — Perspective des circonférences.

Nous avons déjà vu, dans la méthode générale, qu'on cherche généralement 8 points d'une circonférence pour en tracer la perspective.

Nous allons chercher le moyen de trouver ces 8 points directement sur le tableau, étant donné qu'on a une des lignes horizontales, parallèles au tableau, du carré qui la circonscrit.

Supposons donnée la ligne E C, parallèle au tableau (fig. 141).

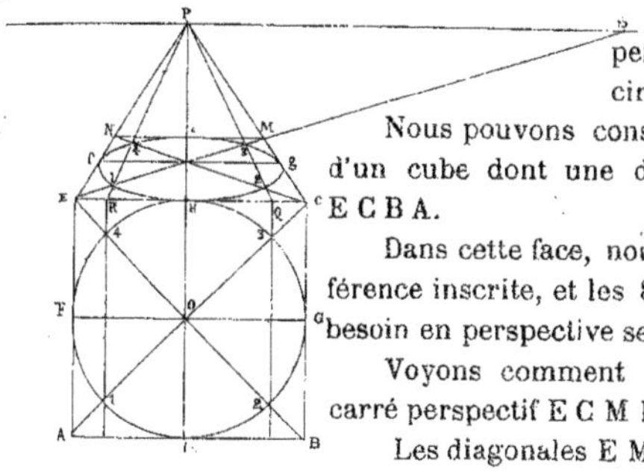

Cette ligne nous suffit pour tracer, en perspective, le carré E C M N circonscrit à la circonférence que nous cherchons.

Nous pouvons considérer ce carré comme la face supérieure d'un cube dont une des faces est parallèle au tableau : la face E C B A.

Dans cette face, nous pouvons tracer au compas une circonférence inscrite, et les 8 points analogues à ceux dont nous avons besoin en perspective seront I, G, H, F, 1, 2, 3, 4.

Voyons comment nous trouvons les mêmes points dans le carré perspectif E C M N.

Les diagonales E M et N C se coupent au centre de la circonférence O. Par ce point nous pouvons faire passer les deux diamètres dont l'un est perpendiculaire et l'autre parallèle au tableau, ce qui nous détermine les 4 points de la circonférence : H, g, i, f.

Il nous reste à déterminer les 4 points qui se trouvent sur les diagonales.

Ces 4 points se trouvent, dans la circonférence vue de face, sur les verticales R 1 et et Q 2 ; mais ces lignes, dans la face du cube vue en perspective, deviennent des perpendiculaires au tableau qui vont au point principal et dont les points de départ sont aussi R et Q. On a par conséquent les lignes R P et Q P qui viennent couper les diagonales E M et N C en 4 points 1, 2, 3, 4, qui sont les 4 points qu'il nous restait à trouver pour tracer notre courbe.

158. — Remarquons, pour simplifier le travail précédent, que les 2 lignes R H et H Q sont égales, et que si nous avions seulement le point R, nous n'aurions qu'à reporter la distance R H de H en Q pour avoir les points de départ des 2 perpendiculaires au tableau qui nous sont nécessaires.

D'un autre côté, le point R étant l'extrémité d'une verticale passant par 4 et 1, il nous suffirait d'avoir un seul de ces points pour déterminer cette ligne, le point R, par exemple.

Or le point R peut être obtenu en traçant, non pas tout le carré vu de face, mais seulement le 1/4 F O I A.

Ainsi pour obtenir une circonférence en perspective, étant donné le côté E C, il nous suffira de construire la fig. 142, qui se passe de toute explication supplémentaire.

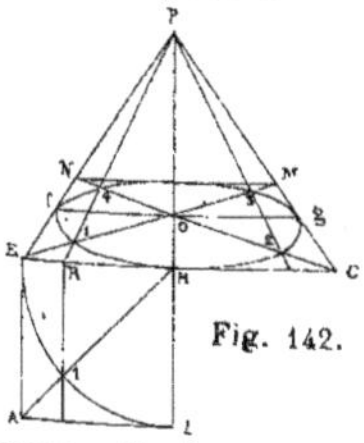

Il y a encore plusieurs moyens de trouver 4 points de la circonférence, en dehors des 4 points donnés par les milieux des 4 côtés du carré circonscrit. Parmi ces moyens, les uns ne sont qu'approximatifs ; d'autres donnent lieu à des lignes de construction assez compliquées.

Comme celui qu'on emploie généralement est celui que nous venons d'indiquer, nous nous y tiendrons, en recherchant par quels moyens il nous sera possible de le simplifier pour qu'il soit le plus rapide possible.

159. — Quelles que soient les grandeurs des circonférences inscrites dans des carrés, les rayons parallèles au tableau sont toujours partagés en 2 parties qui ont entre elles les mêmes proportions, par les lignes qui passent par les intersections de la circonférence avec les diagonales du carré.

Si nous prenons pour point de départ le Rayon E O (fig. 143. qui est divisé en E G et G O par la ligne J I, nous pourrons nous en servir pour faire une échelle qui pourra nous servir à trouver les intersections des circonférences avec les diagonales, quelle qu'en soit la grandeur, et cela très rapidement.

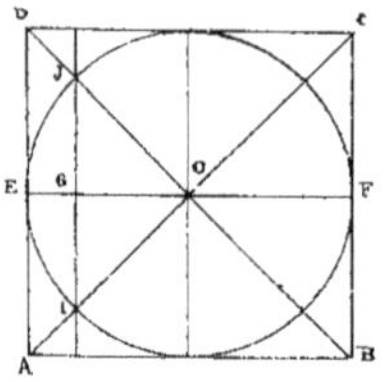

Pour cela, sur une ligne verticale O M, prenons une distance O E égale au rayon fig. 144).

Au point E, de cette ligne, élevons une perpendiculaire égale à la grande partie du rayon, c'est-à-dire celle qui est du côté du centre, soit G O qui devient E G sur notre échelle.

Fig. 143.

Joignons O à G et nous avons l'échelle demandée.

Pour nous en servir plus facilement, menons à E G des parallèles assez rapprochées les unes des autres, ou bien construisons cette échelle sur du papier quadrillé comme on en trouve dans le commerce, et où nous aurons nos parallèles toutes tracées.

Voulons-nous maintenant nous en servir pour tracer la perspective d'une circonférence dont le diamètre A B, passant par le centre, est donné en perspective ? (fig. 145).

Pour cela nous partageons A B en 2 parties égales pour avoir le centre O, nous construisons ensuite notre carré et nous menons les diagonales.

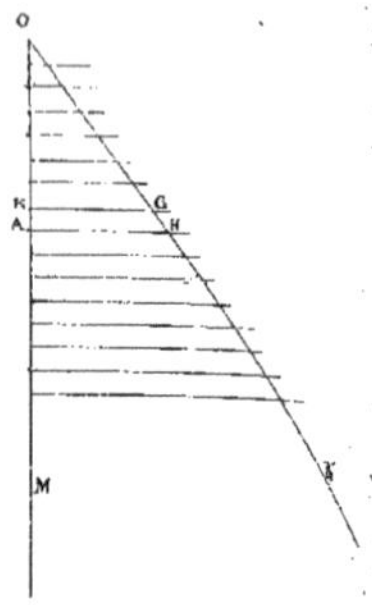

Mesurons ensuite le rayon A O, reportons-le sur l'échelle (fig. 144) de O en A et mesurons la longueur de la parallèle à E G passant par A. Nous obtenons A H pour la grande partie du rayon.

Fig. 144.

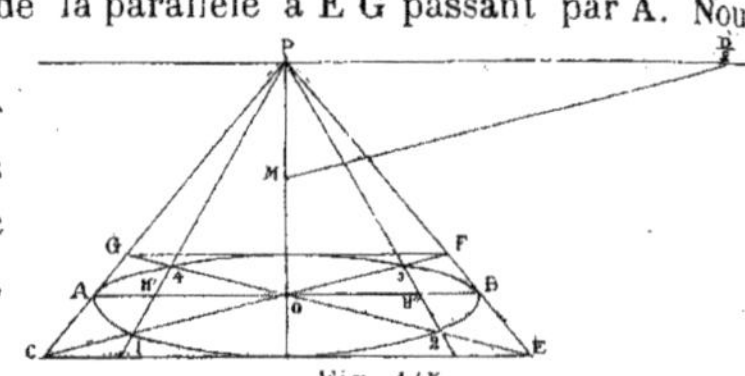

Nous n'avons qu'à reporter cette longueur de O en H' et en H" (fig. 145). Par ces 2 points menons 2 lignes en P. Elles déterminent, avec les diagonales, les 4 points cherchés : 1, 2, 3 et 4. 1).

Fig. 145.

160. — Application de ce procédé aux cas où l'on ne considère qu'un point de distance réduit.

C'est le cas que nous venons d'employer dans le cas précédent. N'ayant que $\frac{D}{2}$, nous avons partagé O P en 2 parties égales au point M ; nous avons tracé la droite $M\frac{D}{2}$ et par le point O, nous avons fait passer la diagonale F C parallèle à $M\frac{D}{2}$ ce qui nous a permis de construire le carré circonscrit à la circonférence.

Cette ligne C F, prolongée suffisamment viendrait couper la ligne d'horizon en un point X qui serait bien à une distance de P égale à $2\,P\frac{D}{2}$.

En effet, nous aurions un triangle P O X semblable à $M\,P\frac{D}{2}$. Leurs côtés sont donc proportionnels. Comme $P\,O = 2\,P\,M$, P X sera égal à $2\,P\frac{D}{2}$.

Si nous avions le $\frac{D}{3}$ seulement, nous partagerions la ligne O P en 3 parties égales et par le point de division le plus rapproché de P nous ferions passer une droite $P\frac{D}{3}$. La diagonale passant par O serait parallèle à $P\frac{D}{3}$.

---

(1). Si on s'est servi de papier quadrillé pour construire l'échelle, il n'est pas nécessaire de tracer la ligne A H, car les lignes étant très rapprochées dans le papier, on peut mesurer très exactement à l'œil la distance A H, même si ces points se trouvent compris entre 2 des lignes horizontales.

Ce procédé nous permettra de mettre facilement en perspective un vase, un fût de colonne, enfin tous les objets où l'on trouve un certain nombre de circonférences.

Si nous les supposons en perspective et que par l'axe nous fassions passer un plan parallèle au tableau. la figure que nous obtiendrons comme coupe ne sera pas autre chose que les projections verticales de ces objets.

Chacune des circonférences sera représentée dans ces coupes par le diamètre parallèle au tableau passant par le centre de la circonférence.

Pour obtenir la perspective de ces objets, nous n'aurons donc qu'à établir, sur chacun de ces rayons, une circonférence en perspective comme il est dit plus haut, et à relier entre elles, au moyen de courbes, les parties extérieures de ces circonférences.

Prenons un exemple.

161. — **Mettre en perspective un chapiteau dorique.**

Mettons d'abord notre projection verticale de la grandeur que nous aurons choisie. Elle est indiquée en teinte dans un côté de notre fig. 146. Plaçons ensuite la ligne d'horizon pour que le chapiteau soit vu à la hauteur voulue. Nous avons choisi comme hauteur

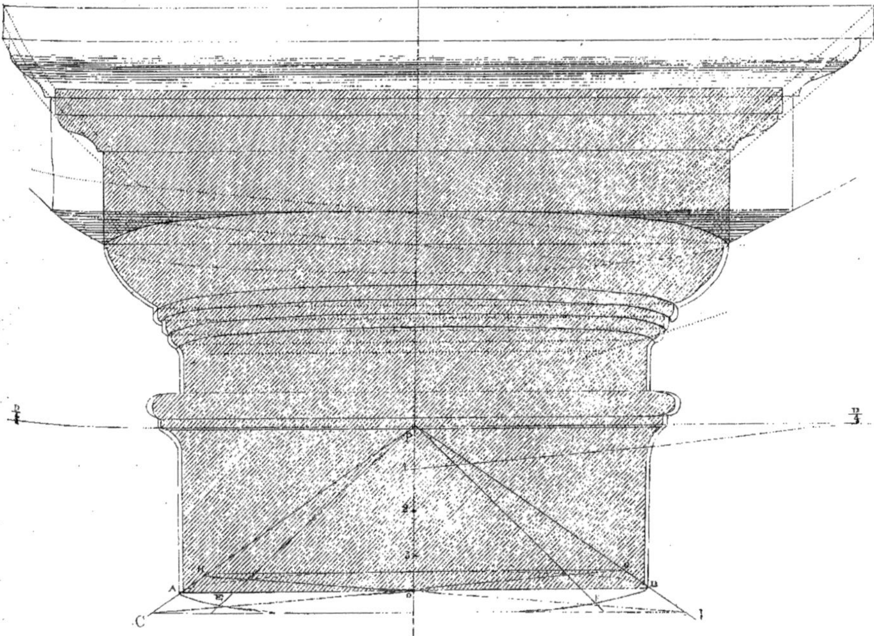

Fig. 146.

de notre œil, la hauteur du premier listel que nous trouvons sur le fût de colonne. Plaçons ensuite notre point de distance pour que nous soyons à une distance convenable pour obtenir une bonne perspective. Nous prendrons $\frac{D}{4}$.

Il nous reste maintenant, à construire, sur chacun des diamètres une circonférence comme nous venons de le voir plus haut.

Sur A B, par exemple, nous partagerons la distance O P en 4 parties égales Du point 1 nous traçons la droite 1 $\frac{D}{4}$ et par O nous faisons passer une parallèle à cette ligne.

Nous avons alors la diagonale du carré qui vient couper les perpendiculaires au tableau passant par A et B, aux points C et G.

Par C et G nous traçons des horizontales parallèles au tableau, ce qui nous donne le carré C H G I. Menons H I et cherchons, au moyen de l'échelle, où le rayon A O sera coupé par la perpendiculaire au tableau passant par les intersections des diagonales et de la circonférence. Nous trouvons le point E que nous reportons de O en F. Par ces 2 points nous traçons les perpendiculaires qui nous donnent les 4 points cherchés. Nous n'avons plus qu'à tracer notre circonférence et à faire de même pour toutes les autres.

Dans la partie supérieure, c'est-à-dire dans le tailloir, nous n'avons qu'à tracer des carrés Relions toutes les circonférences et nous avons notre perspective.

162. — Entre 2 parallèles fuyantes dont le point de fuite est inaccessible, placer un certain nombre de parallèles.

Soient les 2 parallèles A B et C D dont le point de fuite est en dehors du tableau. (fig. 147).

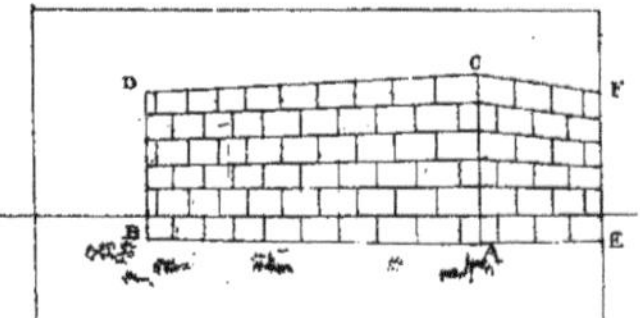

Fig. 147.

Nous voulons placer entre ces 2 lignes d'autres parallèles qui partagent la distance de A B à C D en 6 parties égales.

Pour cela nous partageons A C et B D en 6 parties égales et nous joignons 2 à 2 les points de division des 2 verticales.

Démonstration. — Le rectangle A B D C a, en géométral, les 2 côtés A C et B D égaux. Les divisions de ces lignes sont donc égales entre elles et les droites qui les relient sont bien parallèles à A B et à C D.

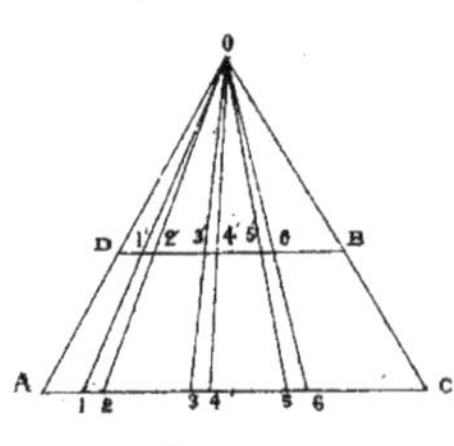

Fig. 148.

Supposons que la distance perspective entre les 2 parallèles soit égale à A C (fig. 148) dans la partie la plus rapprochée du tableau et que nous ayons à faire passer des parallèles situées aux points 1, 2, 3, 4, 5, 6, de la verticale qui relie les 2 points.

La distance verticale entre les 2 points les plus éloignés des parallèles étant égale à O D (fig. 148), pour trouver les points de cette verticale par où passeront les parallèles à chercher, nous pourrons nous y prendre ainsi.

Sur une surface en dehors du tableau, nous construisons un triangle équilatéral dont le côté est A C sur lequel nous portons les distances qui indiquent les points de départ des parallèles à tracer.

Nous joignons ces points en O. Puis nous portons la distance verticale la plus éloignée entre les 2 parallèles de O en D. Au point D nous faisons passer une parallèle à A C et nous avons la ligne D B qui est coupée aux points 1', 2', 3', 4', 5', 6', qui indiquent les distances des parallèles dans leur partie la plus éloignée du tableau.

Démonstration — Tous les triangles ainsi formés (fig. 148) sont semblables 2 à 2. Les bases de ces triangles, situées sur D B, sont donc bien proportionnelles aux bases des triangles situées sur A C.

---

163. — Etant donnée une ligne A B dont le point de fuite est en dehors du tableau, faire passer par C, une parallèle à cette ligne (fig. 149).

Nous pourrions résoudre ce problème au moyen du procédé précédent, en partageant B R en 2 parties proportionnelles aux 2 parties A C et C M de A M, mais nous pouvons nous y prendre encore de la manière suivante :

Joignons A et C en un point F de la ligne d'horizon. Par un point a, de la ligne A F, menons, à A B, une parallèle qui coupe la ligne d'horizon en f. Du point a traçons a c, parallèle à A C. Joignons c à f et par le point C, faisons

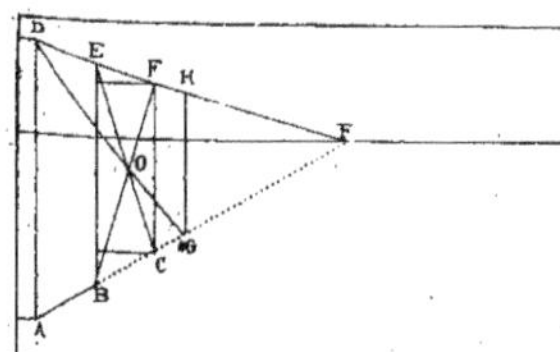

Fig. 149.

passer une parallèle à c f et nous aurons la ligne C G, parallèle à A B.

Démonstration. — Supposons que les 2 lignes A B et C G soient prolongées jusqu'à leur point de fuite X. Nous aurions alors le triangle A C X qui serait semblable au triangle a c f, comme ayant les côtés parallèles et dirigés dans le même sens.

Pour la même raison, le triangle A M X serait semblable au triangle a N f.

Mais les bases A M et a N de ces deux triangles sont partagées en C et en c en parties proportionnelles si on considère les 2 triangles semblables A M F et a N F.

La ligne partant de c venant au sommet f du triangle a N f, sa parallèle partant de C, dans le triangle A M X viendra également aboutir au sommet X.

Les lignes A B et C G sont donc bien parallèles, puisqu'elles ont le même point de fuite.

Les lignes K C et L H, parallèles à c f' et à h f' sont, pour la même raison, parallèles à J A.

164. — Une grandeur étant donnée sur une ligne perspective, reporter une grandeur perspective égale à la 1·, sur cette même ligne, à partir d'un point donné.

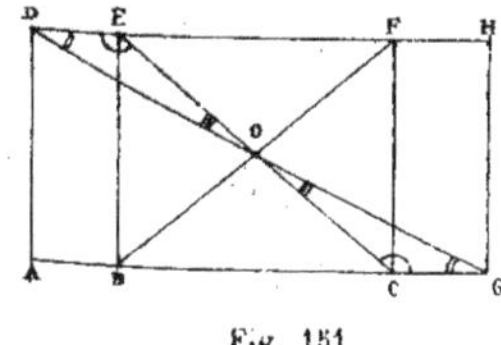

Fig. 150.

Soit la distance A B à reporter, à partir de C, sur la perspective A F (fig. 150).

Elevons depuis A, la verticale A D. Joignons D à F et élevons entre ces 2 lignes les verticales B E et C F.

Joignons E à C, F à B, et par le point d'intersection O, menons la ligne D O que nous prolongeons jusqu'en G. Nous avons alors la distance C G perspectivement égale à A B.

Démonstration. — Rétablissons en plan (fig. 151) la figure que nous avons en perspective.

Dans le rectangle B C F E, les diagonales se coupent en parties égales au point O. Donc O E = O C.

Les 2 triangles D E O et G O C seront donc égaux comme ayant un côté égal E O = O C et les angles égaux.

D E O = O C G et E D O = O G C comme alternes-internes, et E O D = G O C comme opposés par le sommet. Le côté D E, opposé à E O D dans le triangle D E O sera donc égal à C G, opposé à l'angle égal G O C dans le 2ᵉ triangle, *c. q. f. d.*

165. — Etant donné un rectangle dont un côté est parallèle à la base du tableau, ajouter à la suite de ce premier rectangle, une série de rectangles de même grandeur perspective. (fig. 152).

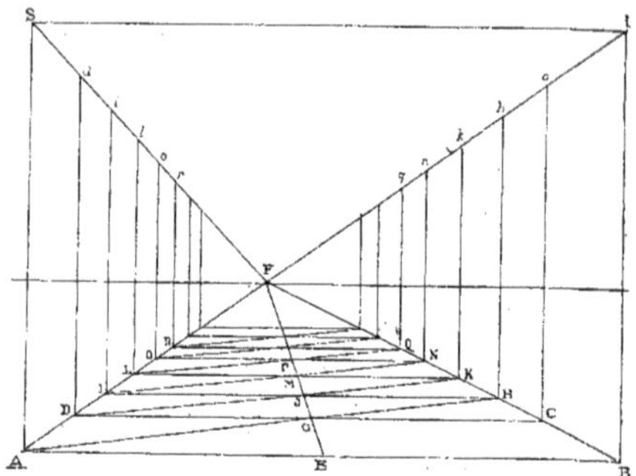

Fig. 152.

Soit le rectangle A B C D, en perspective, à la suite duquel nous devons en placer une série de même grandeur.

Partageons A B en 2 parties égales au point E. Joignons E à F et nous aurons la ligne C D qui sera également partagée en deux parties égales au point G.

Menons une droite A G et prolongeons-la jusqu'à sa rencontre avec B F au point H.

La distance H C sera égale à C B et si nous faisons passer par H une horizontale H I, parallèle au tableau, cette ligne déterminera le rectangle D C H I égal à A B C D.

Nous déterminerons de la même manière I H K L, K L N O, etc.

Démonstration. — Si nous rétablissons notre figure *en plan*, comme nous l'avons fait dans le problème précédent, nous voyons que les 2 triangles A G D et G H C sont égaux comme ayant 2 côtés égaux D G=G C et les angles égaux. Les côtés opposés aux angles égaux seront égaux, donc A D=C H, *c. q. f. d.*

Ce problème a son application lorsqu'on a à dessiner une allée d'un parc bordée d'arbres également espacés ; il servira à trouver les points de départ des piliers dans l'intérieur d'une église, dans une série d'arcades, etc.

166. — Une grandeur A C, étant donnée sur une ligne fuyante A N, reporter à la suite de cette grandeur, un certain nombre de distances égales à la première. (fig. 153 .

Cette proportion pourra se résoudre d'après le principe indiqué plus haut.

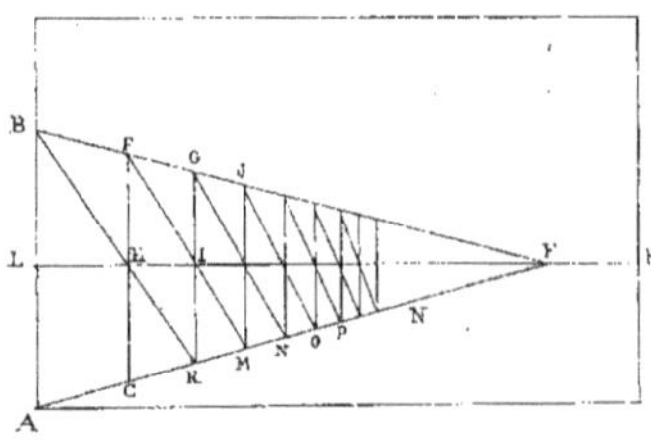

Fig. 153.

Pour cela, prolongeons la ligne A N jusqu'à son point de fuite F. Prenons ensuite, au-dessus de la ligne d'horizon, une distance B L=L A. Joignons B à F et élevons une verticale C F' au point C.

Si nous faisons passer une droite par B et par E, cette ligne coupera A N en K et nous avons F' G=B F'=A C=C K après avoir tracé la verticale G K.

On opère de la même façon pour trouver les autres longueurs égales K M, M N, N O, etc.

167. — Étant donnée une ligne perspective parallèle au tableau, tracer une ligne qui fasse, à l'extrémité de la première, un angle droit et un angle de 45°.

Soit à tracer depuis B de A B, une perpendiculaire à cette ligne (fig. 154).

Le point principal et les points de distance étant donnés, la ligne B P sera perpendiculaire à A B, la ligne B D formera, avec A B, un angle de 45°.

Si nous avons une ligne horizontale C E, dont le point de fuite est en D, et que nous désirions mener par le point E, une ligne qui fasse un angle droit avec C E, cette ligne sera E D'. Enfin E P formera, avec C E, un angle de 45°.

Démonstrations. — Elles résultent des principes mêmes de la perspective. (Points de fuite des horizontales perpendiculaires au tableau et inclinées à 45°).

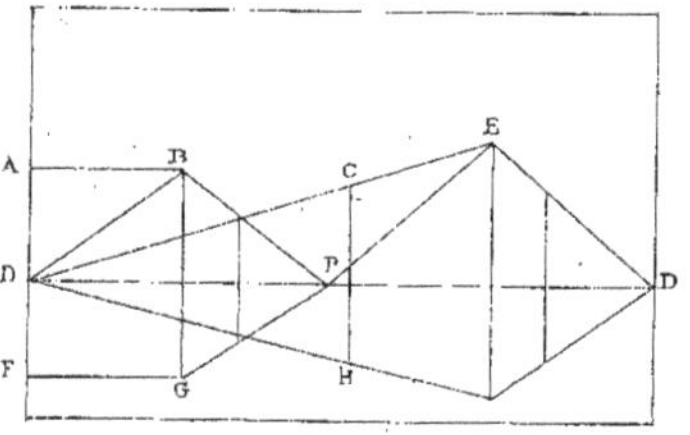

Fig. 154.

Étant donnée une ligne horizontale perspective quelconque, tracer une autre ligne perspective qui fasse avec la 1° un angle droit.

168. — Soit (fig. 155) la ligne A B, fuyant en F. Nous prenons, sur la ligne d'horizon, une perpendiculaire au point principal sur laquelle nous rabattons le point de vue en V'.

Joignons F à V' et au point V' de F V', traçons une perpendiculaire V' G.

Ce point G est le point de fuite de la ligne perspective B H, formant avec A B un angle droit.

Démonstration. — Nous avons vu, dans les principes de perspective, que le point de fuite d'une horizontale pouvait se déterminer sur la ligne d'horizon en faisant passer, par le point de vue, une parallèle à cette ligne et en la prolongeant jusqu'à la ligne d'horizon.

Le triangle ainsi obtenu par cette parallèle, la ligne d'horizon et la perpendiculaire abaissée de l'œil sur le tableau est le même que F P V', puisque nous n'avons fait que le rabattre sur le tableau, au-dessus de la ligne d'horizon, en le faisant tourner autour de F P comme charnière.

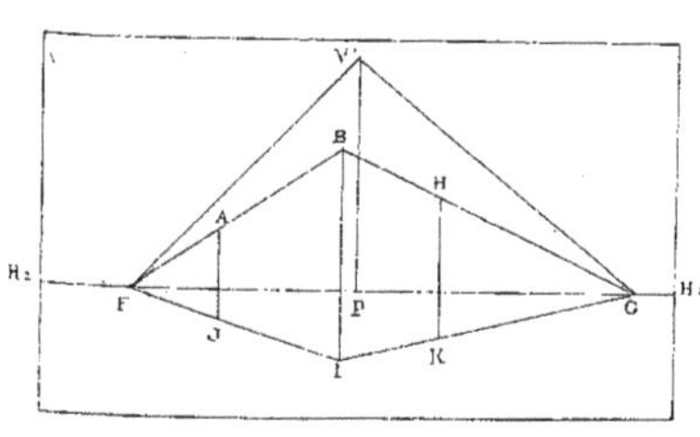

Fig. 155.

La ligne qui fera, avec A B, un angle droit, aura donc le même point de fuite que la ligne menée par V' et qui fait, avec F V', un angle droit.

Ce point de fuite étant G, la ligne B G sera perpendiculaire à A B, c. q. f. d.

Nous aurons de même I J, parallèle à A B, qui sera perpendiculaire à J K, parallèle à B H.

169. — Etant donné un angle droit perspectif, le partager en 2 parties égales.

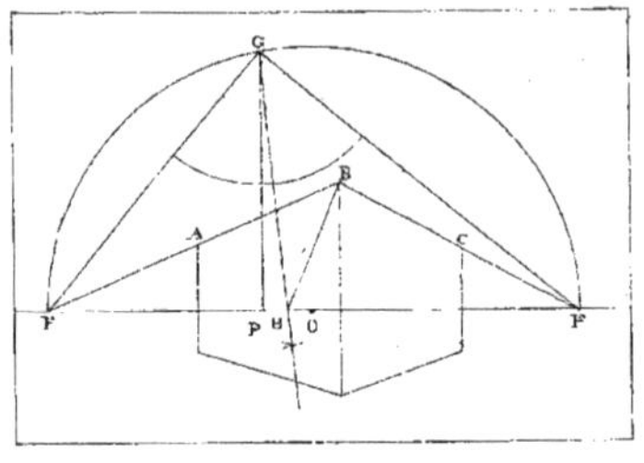

Fig. 156.

Soit l'angle droit perspectif A B C, fig. 156).

Les points de fuite des 2 côtés étant F et F', quel serait l'angle égal, ayant son sommet au point de vue rabattu ?

Nous ne connaissons pas le point de distance, et par conséquent nous n'avons pas le point de vue rabattu ; mais nous savons que tous les angles droits qui ont les extrémités de leurs côtés en F et F' de la ligne d'horizon, et qui sont dans le plan du tableau, doivent avoir leurs sommets sur une demi-circonférence qui aurait F F' comme diamètre.

Partageons F F' en 2 parties égales pour trouver le centre O. Du point O, comme centre, avec O F comme rayon, traçons la demi-circonférence.

Le point de vue rabattu doit donc se trouver sur cette demi-circonférence et en même temps sur la perpendiculaire à la ligne d'horizon passant par P. Il sera donc en G.

L'angle droit F G F' est donc l'angle formé par 2 parallèles à A B et à B C et ayant son sommet au point de vue rabattu.

Si nous partageons cet angle en 2 parties égales par la droite G H, ce point H sera le point de fuite d'une ligne parallèle passant par B et qui partagera l'angle A B C en deux parties égales.

Nous avons déterminé ainsi les constructions à faire, et les démonstrations qui s'y rapportent.

170. — Le point de fuite étant en dehors du tableau, faire un angle droit avec une oblique quelconque.

La ligne A B (fig. 157) a son point de fuite en dehors du tableau. Il s'agit de déterminer une ligne faisant avec A B un angle droit. Le 1/4 de la distance est donné.

Joignons B à P et partageons cette ligne en 4 parties égales. A partir de P, au premier point de division b, faisons passer une parallèle à A B. Cette parallèle vient couper la ligne d'horizon en f.

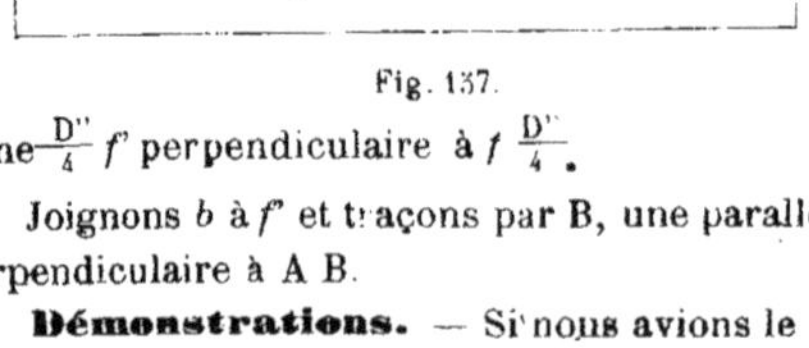

Joignons f à $\frac{D''}{4}$, le 1/4 du point de vue rabattu, et par ce point, menons la ligne $\frac{D''}{4}$ f' perpendiculaire à f $\frac{D''}{4}$.

Fig. 157.

Joignons b à f' et traçons par B, une parallèle à cette droite. Nous aurons B F qui est perpendiculaire à A B.

Démonstrations. — Si nous avions le point de fuite de A B, qui est en dehors du tableau, et que nous désignerons par X, nous aurions 2 triangles B P X et b P f', qui seraient semblables comme ayant les côtés parallèles et dirigés dans le même sens. Leurs côtés sont donc proportionnels.

Le côté *b* P étant contenu 4 fois dans B P, le côté P *f* serait aussi contenu 4 fois dans P X.

Le point de fuite de A B est donc à une distance de P égale à 4 P *f*

Le point de B E est aussi, pour la même raison, à 4 fois P *f* du point P.

Si nous avions le véritable point de distance au lieu d'en avoir le 1/4, l'angle droit ayant son sommet au point de vue rabattu et formé par des parallèles à A B et B E, aurait-il ses côtés passant aux mêmes points de la ligne d'horizon, ce qui est nécessaire pour que l'angle A B E soit droit ?

Cela est nécessaire car si nous faisons P $\frac{D''}{4}$ 4 fois plus grand, que par l'extrémité nous traçons des parallèles à *f* $\frac{D''}{4}$ et *f* $\frac{D''}{4}$, la parallèle à *f* $\frac{D''}{4}$ viendra couper la ligne d'horizon à une distance égale à 4 P *f* et la parallèle à $\frac{D''}{4}$ *f*, à une distance égale à 4 P *f*, ce qui résulte toujours des triangles semblables qu'on obtiendrait ainsi.

171. — Les points de fuite des côtés d'un angle droit perspectif étant en dehors du tableau, trouver le point de distance inconnu.

Soit l'angle droit A B C (fig. 158).

Pour trouver le point de distance, nous joignons B à P et nous partageons cette droite en un certain nombre de parties égales, en 4 par exemple, de façon que des parallèles à A B et à B C partant du premier point de division à partir de P, viennent couper la ligne d'horizon dans le tableau, aux points *f* et *f'*.

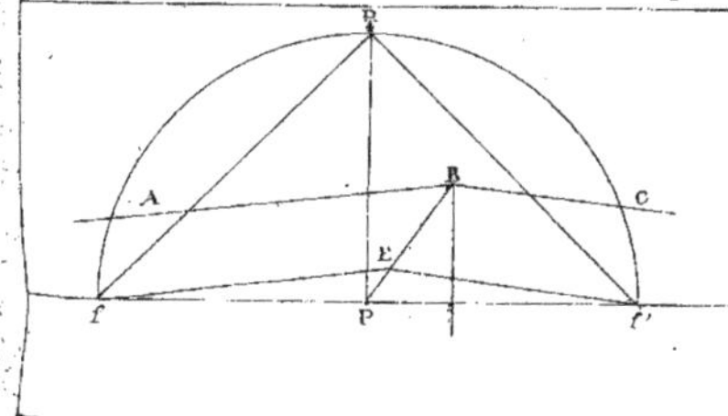

Partageons *f f'* en 2 parties égales et du milieu comme centre, traçons une demi-circonférence qui ait *f f '* comme diamètre.

Elevons du point P une perpendiculaire à la ligne d'horizon. Elle coupe la demi-circonférence en $\frac{D}{4}$. La ligne P $\frac{D}{4}$ est le 1/4 de la distance du spectateur au tableau.

Fig. 158

Démonstrations. — La solution découle de la précédente demonstration. Elle en est la réciproque et elle est fondée sur les mèmes théorêmes

172. — Mettre en perspective une tour carrée, vue de front, étant donné le 1/5 de la distance.

Soit le eoté A B C E vu de front, de la tour fig (159).

Des points B et C partiront 2 perpendiculaires au tableau et elles donneront les directions des 2 côtés latéraux de la tour.

Si nous avions à notre disposition le point de distance de gauche, par exemple, en traçant, du point C, une ligne à 45°, cette ligne déterminerait, par son intersection avec B P, la profondeur du côté de la tour situé sur B P.

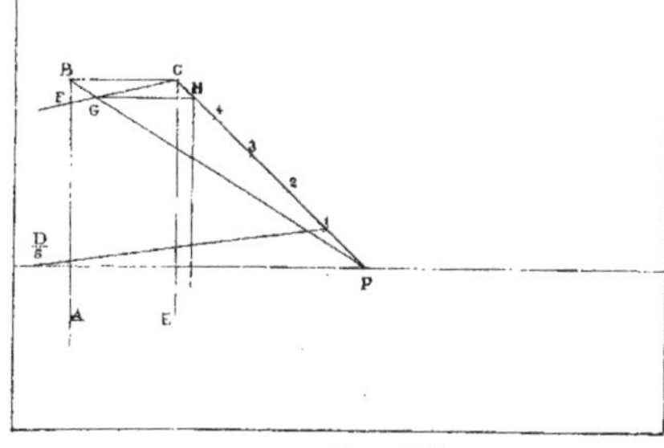

Fig. 159.

Pour déterminer cette ligne à 45°, joignons C à P et partageons cette ligne en 5 parties égales.

Joignons le point 1 à $\frac{D}{5}$ et faisons passer par C une parallèle à $1\frac{D}{5}$, nous aurons la ligne à 45° cherchée.

Elle détermine l'extrémité G du côté B G. Par G, nous faisons passer une horizontale parallèle au tableau. G H, qui détermine également le côté C H.

Démonstration. — La ligne C F, parallèle à $1\frac{D}{5}$ viendrait bien couper la ligne d'horizon au point D inconnu, à cause des triangles semblables qu'on obtiendrait C P D et $1 P\frac{D}{5}$ dont les côtés sont entre eux comme 1 à 5. Donc D P serait égal à $5 P\frac{D}{5}$ c, q, f, d.

173. — Une des faces d'une tour carrée, inclinée à 45°, étant donnée, tracer la tour avec un point de fuite réduit.

Soit le côté A B donné (fig. 160).

Du point A, nous pouvons faire passer un horizontal parallèle au tableau qui viendra couper le côté de la tour que nous avons à déterminer.

Cette horizontale est la diagonale du carré.

Joignons B à P et partageons B P en 5 parties égales, puisque nous avons $\frac{D}{5}$

En joignant le point 1 à $\frac{D}{5}$; nous devons avoir une parallèle à A B. En traçant du même point, une droite à $\frac{D}{5}$ nous aurons une parallèle au côté cherché.

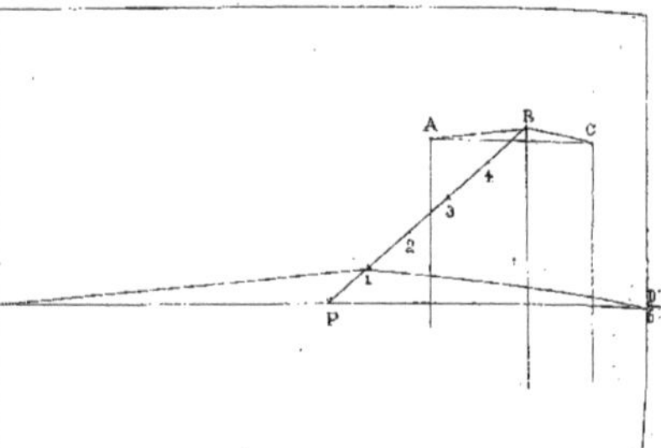

Fig. 160.

Traçons cette parallèle, B C, et le point C sera à l'intersection de cette ligne et de l'horizontale parallèle au tableau que nous avons menée de A.

Démonstration. — Ces constructions s'appuient toujours sur les propriétés des triangles semblables.

174. — Étant donné un côté d'un carré incliné d'une manière quelconque par rapport au tableau, la direction de l'autre côté, mais sa grandeur non déterminée, tracer le carré.

Soit le côté A B, donné et la direction A C de l'autre côté (fig. 161)

Les points de fuite de ces 2 droites étant en dehors du tableau, faisons un angle dont les côtés seront parallèles à B A C, à partir d'un des points de A P, de manière que leurs points de fuite se trouvent dans le tableau. Nous avons f' E f.

En traçant la ligne B P, nous coupons E f' en F et nous déterminons 2 triangles semblables A B P et E F P.

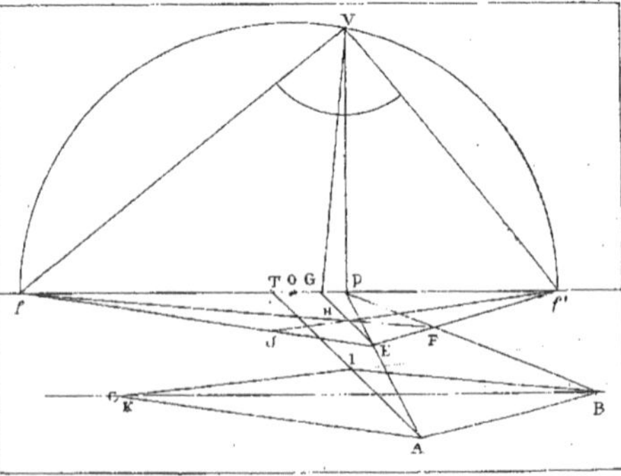

Fig. 161.

Cherchons l'angle droit ayant son sommet au point de vue rabattu et dont les côtés sont parallèles à E *f'* et à E *f*. Nous l'obtenons en partageant *ff'* en deux parties égale est du milieu *o*, comme centre, avec *o f* comme rayon, en traçant la demi-circonférence *f v f'*. La perpendiculaire à la ligne d'horizon P V, partant de P, sera le point de distance réduit et rabattu. Ce point est le sommet de l'angle *f* V *f'* dont les côtés sont parallèles à *f* E et à E *f'*.

Partageons cet angle en 2 parties égales et nous aurons le point G. qui sera le point de fuite d'une ligne partant de E et qui partagera *f* E *f'* en 2 parties égales. Ce sera par conséquent la diagonale du carré.

Le côté parallèle à E *f* partant de F pour aller en *f*, se terminera donc au point H.

Le côté du petit carré parallèle à E F pour aller en *f'*, partira de H et viendra couper le côté E *f* en J et déterminera la grandeur du côté E J.

Dans le carré que nous cherchons, la diagonale partant de A sera parallèle à E G; le côté partant de B sera parallèle à F H; il sera donc B I et le côté parallèle à A B partira de I et sera parallèle à H J. Le carré sera donc déterminé.

Démonstration. — Pour démontrer que le carré B A J I est bien le carré cherché, il nous suffit de démontrer que les côtés A B et K I, les côtés A K et B I vont bien se réunir aux mêmes points de la ligne d'horizon.

La démonstration se fera également au moyen des triangles semblables,

Supposons le côté A B. prolongé jusqu'à sa rencontre avec la ligne d'horizon au point X et A I prolongé jusqu'en T. On aurait deux triangles semblables T A X et G E *f'*.

Supposons également K I prolongé jusqu'à sa rencontre avec A B un point que nous désignerons par Y. Nous aurons les deux triangles I A Y et H E *f'* qui seront semblables, comme ayant les côtés parallèles par construction.

Or si la ligne H *f'* dans le triangle G E *f'*, passe par *f'*, son homologue partant de I, dans le triangle I A X devra également passer par X.

Le point Y se confond donc avec X et les 2 lignes K I et A B, venant se réunir au même point de la ligne d'horizon sont bien parallèles.

Il en est de même pour K A et I B.

De plus les côtés son bien égaux. I A partageant l'angle droit K A B en 2 parties égales, l'angle A I B sera aussi un angle de 45° et dans le triangle isocèle I A B, I B sera égal à A B.

De même K A sera égal à I B et A B = K I, ces lignes parallèles étant comprises entre parallèles.

175. — **Trouver, au moyen des diagonales, les saillies des corniches d'un édifice, le quart de la distance étant donné.**

Deux cas peuvent se présenter pour ce problème.

Premier cas. — Soit l'édifice A B C E F dont une face est parallèle au tableau (fig. 163). Partageons la ligne B P en 4 parties égales.

Par le point 1, menons une ligne à $\frac{D}{4}$ et par B, une parallèle à cette ligne.

Nous avons alors O B qui nous donne la direction de l'angle de la saillie, cette direc- étant une ligne à 45° inclinée à droite.

Partageons la face B C E F en 2 parties égales et par le point H du milieu G H, faisons passer une horizontale parallèle au tableau. Cette ligne coupera le prolongement de O B, au point I. Si nous joignons le point I au point C, nous aurons la direction de l'angle de la saillie au point C.

En effet, la figure B C I est la partie d'un carré comprise entre la perpendiculaire au tableau et deux lignes à 45°.

Ayant choisi la saillie B O, il ne nous restera plus qu'à faire passer par ce point une perpendiculaire au tableau O R et 2 horizontales parallèles au tableau par les points O et R.

Deuxième cas. — (fig. 162). Le bord de l'édifice étant trop près du bord du tableau

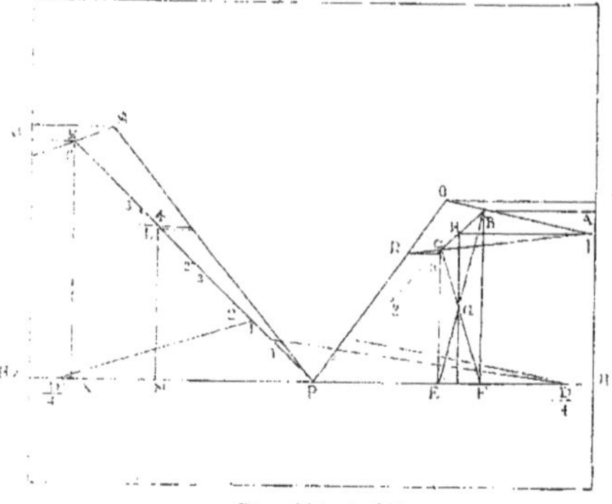

pour qu'il soit possible de trouver le point de rencontre des 2 lignes à 45° passant par K et par L, nous partagerons K P en 4 parties égales aux points 1' 2' 3'. Par le point 1' nous ferons passer une ligne qui ira en $\frac{D}{4}$ et par K, nous tracerons K S, parallèle à 1' $\frac{D'}{4}$

Nous partagerons de même L P en 4 parties, aux points 1, 2, 3 et nous joindrons 1 à $\frac{D}{4}$ pour avoir, au moyen d'une parallèle à 1 $\frac{D}{4}$ tracée par L, la direction de L T, cette ligne étant inclinée à 45° à droite.

Fig. 162 et 163

176. — **Trouver la véritable grandeur d'une ligne perspective perpendiculaire au tableau**

Soit à trouver la véritable grandeur de la ligne A B, le 1/5 de la distance étant donné. (fig. 164).

Faisons passer par A une droite à $\frac{D}{5}$ et par B, une parallèle au tableau B C. La droite B C sera le 1/5 de A B.

Si nous voulons obtenir cette grandeur sur le bord du tableau, celui-ci étant trop petit

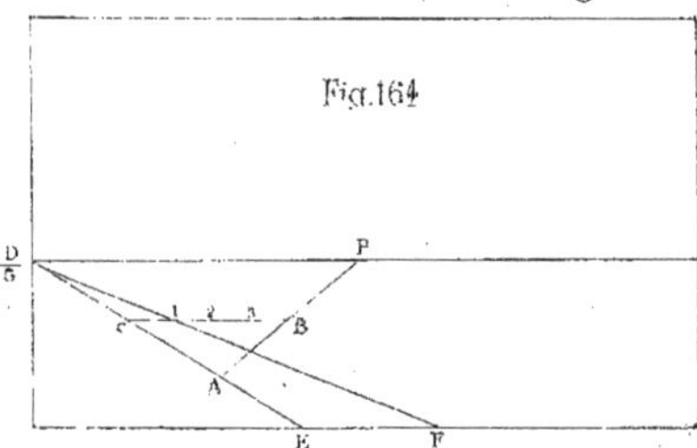

Fig.164

pour la contenir entièrement, nous en chercherons seulement une fraction en partageant C B en 4 parties égales par exemple : Nous joindrons les 2 extrémités de l'une des divisions en $\frac{D}{5}$ Les prolongements de ces 2 droites nous donneront, sur le bord du tableau, E F, égal au 1/4 de C B ou au 1/20 de A B.

Démonstration. - La distance de 2 horizontales comprises entre 2 parallèles E $\frac{D}{5}$ et F D étant toujours la même, E F est bien égal au 1/4 de C B.

Il nous reste à démontrer que C B est bien le 1/5 de A B,

Pour cela, rétablissons nos constructions en plan (fig. 165). Nous avons la ligne A B qui est perpendiculaire au tableau. Si nous avions le point D. à notre disposition, la ligne qui aurait son point de fuite en D. serait A C', à 45°. En joignant C' à B, nous formons un

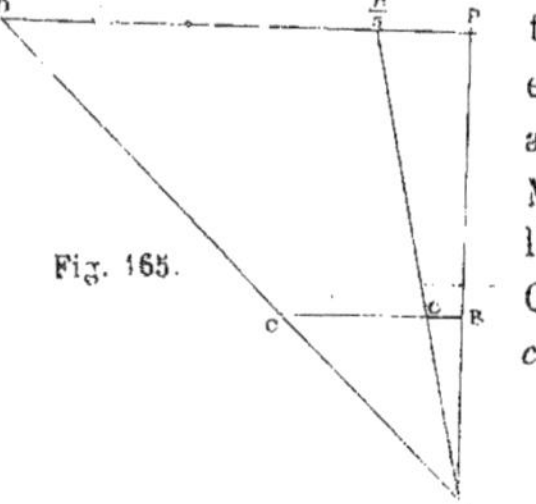

triangle C' B A qui a par conséquent un angle droit C' B A et 2 angles à 45° en C' et en A. Les côtés opposés aux angles égaux étant égaux, nous avons C' B = A B.

Mais nous n'avons pas le point D, nous n'avons que $\frac{D}{5}$. La ligne en perspective que nous avons tracée ne coupe donc C' B qu'au point C qui est bien au 1/5 de C B ou de B A.

c. q. f. d.

Fig. 165.

177. — Trouver la véritable grandeur d'une ligne perspective perpendiculaire au tableau, étant donné le 1/5 de la distance rabattue.

Soit à trouver la véritable grandeur de A B, étant donné $\frac{D}{5}$ rabattu (fig. 166).

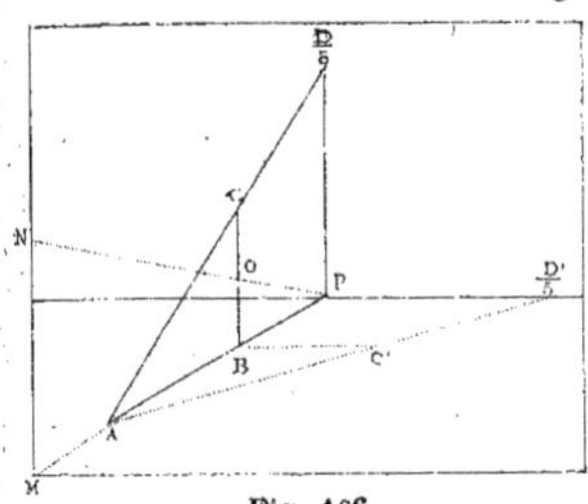

Joignons A à $\frac{D}{5}$ et élevons une verticale en B jusqu'à sa rencontre avec A $\frac{D}{5}$ Cette verticale sera le 1/5 de la véritable grandeur de A B.

Si nous reportons cette grandeur sur le bord du tableau ou la moitié seulement, nous aurons M N $=$ 1/2 de C B ou 1/10 de A B.

Démonstration, — Pour le démontrer, il suffit de faire voir que nous obtenons le même résultat que dans le cas précédent, c'est-à-dire que C B $=$ B C'.

Fig. 166.

Considérons les 2 triangles A $\frac{D}{5}$ P et A C B. Ils sont semblables puisque C B est parallèle à la base $\frac{D}{5}$ P. Les côtés sont proportionnels, donc C B est à $\frac{D'}{5}$ P comme A P est A B.

Les triangles A P $\frac{D'}{5}$ et A B C' sont semblables pour la même raison et nous avons aussi B C' est à P $\frac{D'}{5}$ comme A P est à A B.

Les proportions entre C B et $\frac{D}{5}$ P, B C' et P $\frac{D'}{5}$ étant les mêmes, comme $\frac{D}{5}$ P est égal à P $\frac{D'}{5}$ c'est que C B $=$ B C', c. q. f. d.

178. — Trouver la véritable grandeur d'une ligne horizontale perspective inclinée à 45° par rapport au tableau

Soit A B, inclinée à 45°, représentant la partie supérieure d'un mur ou d'un bâtiment dont le pied serait a G (fig. 167).

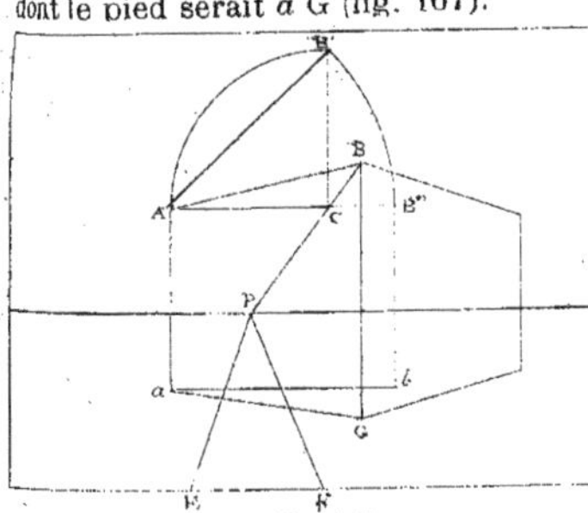

Pour trouver la véritable grandeur de A B, menons, de B, une perpendiculaire au tableau qui va au point P, et du point A, faisons passer une horizontale parallèle au tableau qui coupe B P au point C.

Nous avons alors le triangle A B C qui est formé de 2 lignes à angle droit A C et C B, et d'une ligne à 45°, A B.

Les deux angles B A C et A B C sont donc égaux comme ayant tous deux 45° et le côté A C $=$ C B,

Fig. 167.

Pour avoir ce triangle comme s'il était parallèle au tableau, il nous suffira de le faire tourner autour de A C, comme charnière.

Le côté C B sera perpendiculaire à C A et comme ces 2 côtés sont égaux, la ligne A B aura pris la position A B', parallèle au tableau.

Faisons occuper à A B' la position d'une ligne horizontale parallèle au tableau. Elle deviendra A B", et si nous reportons cette ligne sur le plan perspectif horizontal, elle sera a b.

Pour trouver la véritable grandeur de a b sur le bord du tableau, il nous suffira de partager a b en 4 parties, par exemple : de joindre les 2 extrémités d'une de ces parties à P, et le prolongement de ces lignes nous donnera, sur la ligne de terre, la grandeur E F, qui est le 1/4 de a b ou de A B", ou bien encore de A B' et par conséquent de A B, c, q. f. d

179. — Trouver la véritable grandeur d'une horizontale perspective inclinée d'une manière quelconque par rapport au tableau

Soit à trouver la véritable grandeur d'une ligne A B (fig. 168) dont le point de fuite est en F.

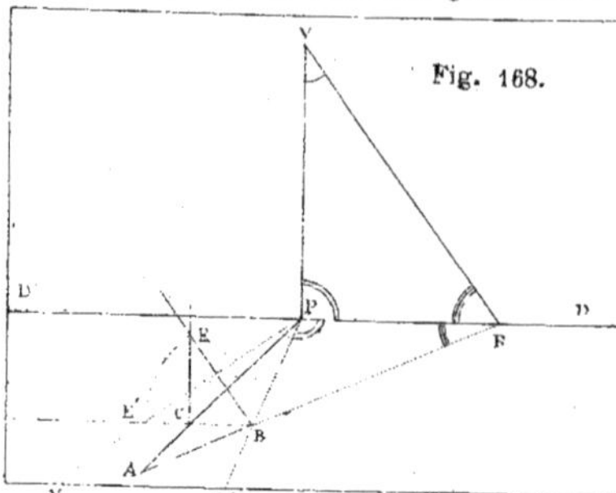

Fig. 168.

Joignons A à P et F à V.

Nous aurons ainsi 2 triangles semblables A P F et V P F.

En effet, le triangle V P F serait le triangle rabattu sur le tableau formé, avec la ligne d'horizon, par la perpendiculaire abaissée du point de vue sur le tableau et par une ligne parallèle à A B.

Les deux triangles A P F et V P F sont donc semblables comme ayant l'angle A = V ces deux angles étant compris entre parallèles), 2 angles droits en P et par conséquent A F P = V F P, comme étant supplémentaires de 2 angles égaux.

Faisons passer par B une horizontale parallèle au tableau et une parallèle à F V. Nous obtiendrons, après avoir élevé une verticale en C, le triangle C B E, semblable à P F V, comme ayant les côtés parallèles, et par conséquent semblable à P A F.

Mais le triangle A C B est aussi semblable à P A F, puisque C B est parallèle à P F.

Donc E C B est semblable à A B C. Comme ces 2 triangles ont un côté commun C B, opposé aux angles égaux C A B et C E B, les côtés opposés aux angles droits A B et B E, seront aussi égaux et par conséquent A B = E B.

Reportant E B sur une horizontale parallèle au tableau, nous aurons A B = E'B ou égal à A' B' sur la ligne de terre.

180. — Même cas que le précédent. — Etant donné une distance réduite.

Soit à trouver la véritable grandeur de A B (fig. 169) étant donné $\frac{D}{4}$.

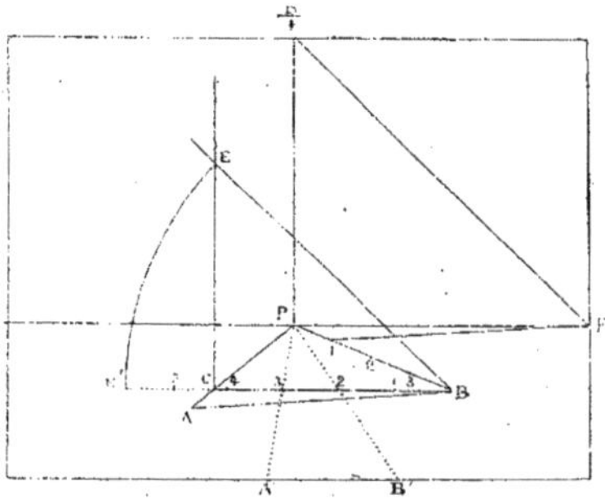

En faisant passer une perpendiculaire au tableau par A, et une horizontale parallèle au tableau par B, nous obtenons le triangle A C B.

Au point C, nous élevons une verticale C E.

Si nous pouvions faire passer par B une parallèle à la ligne qui partirait du point de fuite de A B pour aller au point de vue rabattu au-dessus du point principal, le cas serait le même que le précédent.

Voyons donc comment il nous sera possible d'obtenir cette parallèle.

Comme nous n'avons que $\frac{D}{4}$ à notre disposition, nous partagerons B P en 4 parties égales.

Fig. 169.

Par le point 1, nous faisons passer une ligne 1 F, parallèle à A B Nous joignons F à $\frac{D}{4}$, et nous obtenons une ligne parallèle à la droite qui serait menée du véritable point de fuite de A B au véritable point de distance rabattu.

En effet, le point de fuite de A B est sur la ligne d'horizon en X, à une distance de P égale à 4 P F et le point de vue rabattu serait à une distance de P égale à 4 P $\frac{D}{4}$.

Nous aurions donc 2 triangles semblables : $\frac{D}{4}$P F et D P X, dans lesquels $\frac{D}{4}$ F est parallèle à D X. F $\frac{D}{4}$ est donc bien la direction cherchée.

Il ne nous reste donc qu'à faire passer par B une parallèle à F $\frac{D}{4}$ et nous avons B E $=$ A B ou A B $=$ E' B.

Reportant cette gaandeur sur la ligne de terre, nous avons A B $=$ G A' B'.

181. — Etant donné un degré d'un escalier vu de front, on propose d'ajouter un certain nombre de degrés égaux au premier.

Le degré donné étant A B G F E C (fig. 170), la contre-marche du degré suivant commencera en F G et les extrémités seront 2 verticales de même hauteur perspective que A E ou B C.

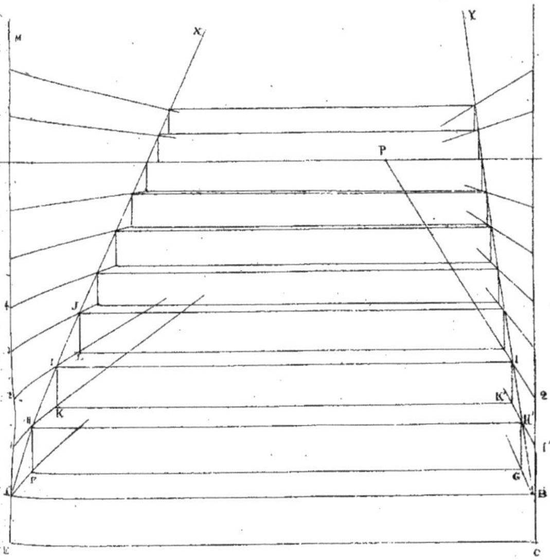

Pour avoir cette hauteur et celles des marches suivantes, nous pouvons reporter sur E M et C N la hauteur A E un certain nombre de fois et nous aurons les points 1, 2, 3, etc., auxquels viendraient aboutir les horizontales des extrémités des marches à construire, si on les prolongeait sur le tableau.

Les extrémités de la 2me marche seront donc des horizontales partant de 1 et 1' et se réunissant au point de fuite des lignes A F et B G du premier degré, c'est-à-dire en P, puisque ces lignes sont perpendiculaires au tableau. Les parties verticales du deuxième degré s'arrèteront donc en H et H'.

Fig. 170.

Nous avons alors A B et H H', les extrémités supérieures des 2 premiers degrés.

Comme les degrés suivants se trouvent en ligne droite avec ceux-ci, leurs arêtes se trouveront sur les droites A X et B Y.

Les lignes perpendiculaires au tableau partant de 2 et 2' pour se réunir en P détermineront, avec A X et B Y, les arêtes I et I' du 3e degré.

Par ces points, faisons passer 2 verticales I K et I' K' pour avoir les contre-marches, et opérons de la même manière pour les degrés suivants.

182. — Deux lignes formant les extrémités inférieures et supérieures d'un escalier étant données ainsi que le nombre des marches qui doivent être comprises dans ces lignes, on propose de mettre cet escalier en perspective.

Soient les 2 horizontales données A B et C E, entre lesquelles doivent être construites 8 marches(fig. 171).

La ligne A C passera par les extrémités inférieures de toutes les marches à construire ainsi que B E.

Ces droites prolongées ont leur point de fuite en F. Les projections horizontales de ces lignes auront leur point de fuite sur la ligne d'horizon, et sur la perpendiculaire à la ligne d'horizon abaissé du point F, c'est-à-dire au point P. (Voir n° 120).

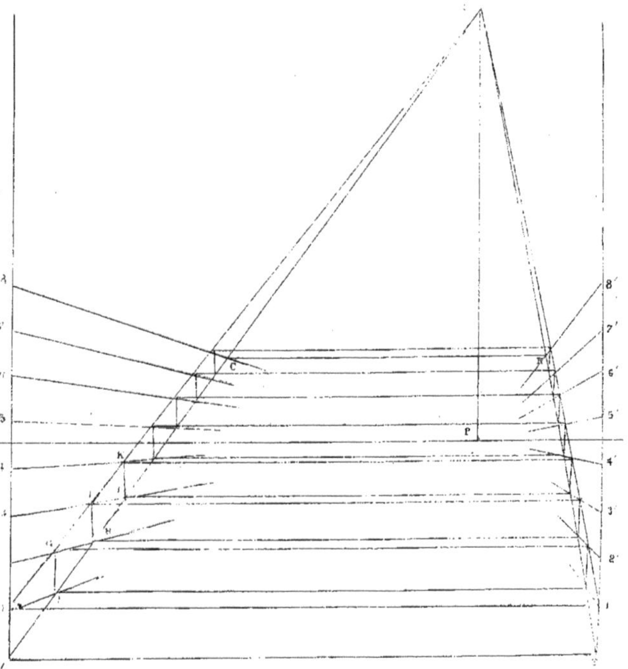

Fig. 171.

Les horizontales des extrémités des marches auront donc leur point de de fuite en P, puisque ce sont des parallèles à ces 2 projections.

Joignons le point C à P et prolongeons cette ligne jusqu'à la rencontre de la verticale élevé au point A. Nous aurons alors le point 8 qui indiquera la hauteur des 8 marches à construire, cette hauteur étant ramené au même plan que A B.

Partageons la ligne A 8 en 8 parties égales et nous avons les points 1, 2, 3, etc. qui indiquent la hauteur de chaque marche.

La partie supérieure de la 1re marche se terminera donc en F, où commence la 2e. La contremarche du 2e degré sera F G, le dessus, G H, etc.

Les extrémités de droite se construisent de la même manière.

Il ne reste plus qu'à relier les extrémités de droite à celles de gauche au moyen d'horizontales.

Afin de simplifier les constructions pour les marches qui sont au-dessus de la ligne d'horizon, nous pouvons joindre 1 à F, ce qui nous donne les arêtes antérieures de toutes les marches. Cette ligne nous suffira pour tracer lesdegrés dontle dessus n'est plus visible au-dessus de la ligne d'horizon.

183. — Etant donnée la coupe de 4 marches d'un escalier à base carrée, supportant un piédestal, tracer ces 4 marches en perspective, la 1/2 distance étant donnée.

Soit la coupe des 4 degrés B O A G H I J, etc. qui est teintée (fig. 172).

Le milieu *o* de A B représentera le centre du carré formé par la partie inférieure des premières marches.

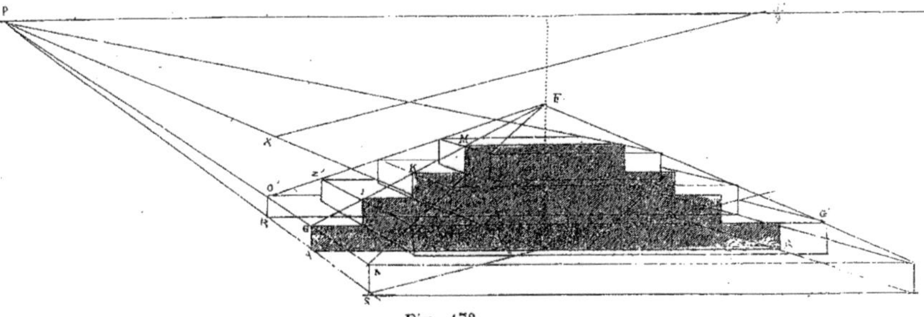

Fig. 172

Mettons ce carré en perspective, en partageant O P en 2 parties égales au point X, en traçant $X\frac{D}{2}$ et en faisant passer par O une parallèle à $X\frac{D}{2}$.

Cette ligne, en venant couper les perpendiculaires au tableau P A et P B, déterminera le carré inférieur.

La hauteur de cette première marche sera déterminée par la perpendiculaire au tableau passant par G et G'.

Aux extrémités R, S etc. du carré, élevons des verticales S N, R O' etc., jusqu'à la rencontre de ces perpendiculaires et nous aurons le 1er degré.

Les angles G, I, K, M, reliés par une droite, donnent une ligne qui vient rencontrer la verticale élevée en O au point F. Les extrémités des marches se réuniront également au même point.

Nous traçons O'F, N F, etc., ce qui nous permet de construire le 2° degré, dont la coupe de la contre-marche est H I.

Par ces 2 points, faisons passer des perpendiculaires au tableau et nous aurons les extrémités qui se termineront sur O F et sur N F, c'est-à-dire aux points z et z', De ces points, abaissons des verticales, et leur rencontre avec la perpendiculaire au tableau passant par H donnera les extrémités inférieures de la contre marche.

Construisons les deux autres marches de gauche de la même manière et opérons de même pour les degrés de droite et nous aurons les 4 marches en perspective, puisqu'il suffira de joindre les différents points ainsi obtenus au moyen de droites horizontales pour avoir les degrés qui sont situés en avant et les parties visibles de ceux qui sont en arrière.

184. — Etant donnée une circonférence en perspective, tracer une circonférence concentrique, étant donné le diamètre parallèle au tableau. Les points de distance ne sont pas donnés.

Soit la circonférence donnée *a b c d e f g h i j* (fig. 173).

Il s'agit de construire une circonférence concentrique dont le diamètre horizontal est à A F.

Joignons, au moyen d'une verticale, le point a à la ligne d'horizon, ce qui nous donne la ligne $a\,a'$.

Partageons cette ligne en 2 parties égales au point K, joignons ce point au point A et prolongeons cette ligne jusqu'à sa rencontre avec la verticale passant par le centre O, de la circonférence donnée.

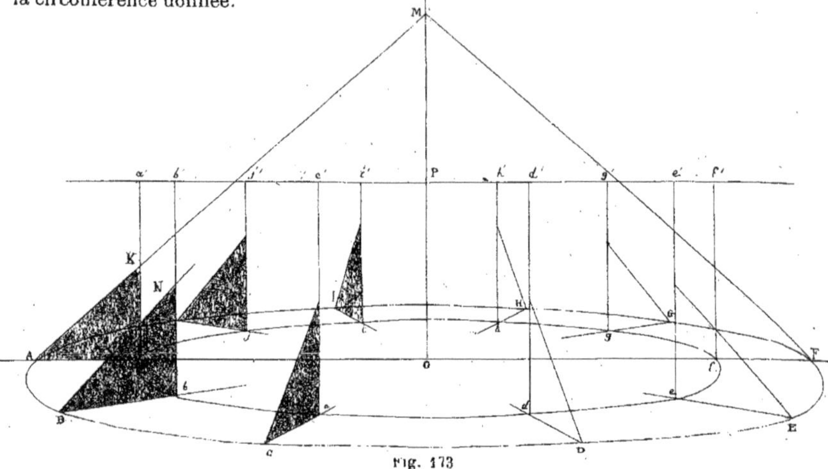

Fig. 173

Nous obtenons un triangle A K a qui est formé d'une ligne horizontale partant de 0, d'une verticale et d'une oblique A K, partant de M.

Nous pouvons considérer A M comme une génératrice d'un cône en perspective dont le sommet serait en M.

Faisons tourner M A O autour de M O comme charnière pour faire successivement occuper à la ligne a O, les positions b O, c O, d O. etc. et voyons ce que devient le triangle A K a.

Prenons la position b O.

En construisant une échelle pour obtenir des hauteurs égales à K a aux différents plans perspectifs, nous aurions toujours les sommets des verticales qui se trouveraient à moitié de la hauteur comprise entre le pied de la verticale et la ligne d'horizon ; par conséquent le triangle égal à A K o que nous désirons construire sur bb' aura son sommet au milieu de bb', c'est-à-dire en N. La ligne horizontale est toujours dirigée sur le centre O et l'hypoténuse du triangle rectangle sera le prolongement de M N et coupera la ligne O b en B.

Les deux triangles A K a et B N b sont donc égaux comme étant 2 triangles rectangles ayant 2 côtés de l'angle droit égaux : K a = N b.

Le côté B b est donc égal à A a. Le point B étant à une distance de la circonférence donnée égale à A a, appartient donc à la circonférence cherchée.

Nous pouvons, en opérant de la même façon trouver les points C, D, E, F, etc., que nous n'aurons plus qu'à relier pour avoir la circonférence demandée.

Pour abréger l'exposé des constructions, cherchons le point D.

Pour cela, élevons la verticale dd' que nous partagerons en 2 parties égales.

Par le point d nous traçons une droite en O et du milieu de dd' nous traçons une ligne en M dont le prolongement détermine le point D, par son intersection avec la ligne d O.

On aurait pu déterminer le sommet du cône en partageant a a' en 3, 4 etc. parties égales et en menant par un point de division, depuis A. une ligne jusqu'à la verticale partant de O ; mais dans ce cas, nous devrions partager chacune des lignes b b'. c c' etc. en autant de parties et joindre au sommet le point de division correspondant à celui que nous aurions choisi.

De même il serait possible de joindre le point A au sommet a' de la verticale aa', si le point de rencontre avec la verticale O ne se trouvait pas trop élevé ; alors les triangles cherchés s'obtiendraient en joignant le sommet du nouveau cône aux points de la ligne d'horizon auxquels aboutissent les verticales b b', c c', d d', etc.

185. — Une demi-circonférence étant donnée, on propose de l'envelopper d'une demi-circonférence concentrique dont le diamètre est donné.

Soit la demi-circonférence A B C D E F (fig. 174) et le point a de la demi-circonférence concentrique cherchée.

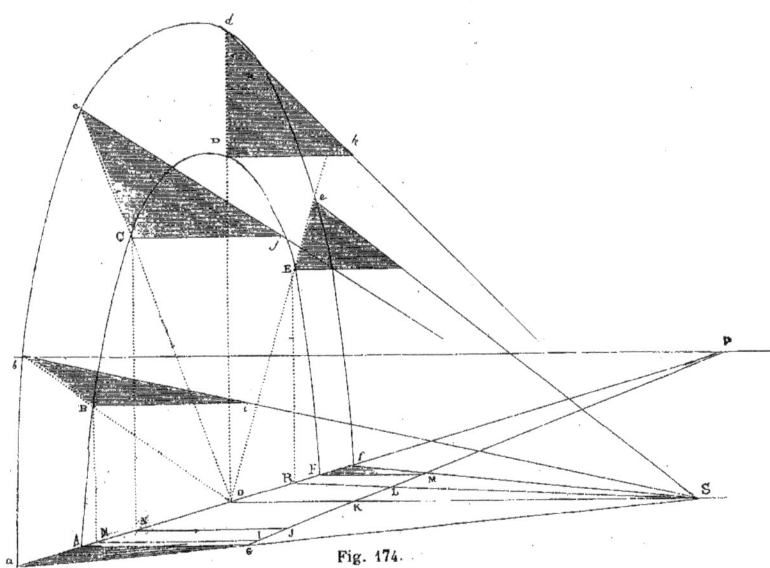

Fig. 174.

Nous pouvons résoudre ce problème d'une façon semblable à celle du problème précédent.

Faisons passer par A et O des horizontales parallèles au tableau.

Prenons l'horizontale partant de A d'une longueur quelconque, A G, par exemple : faisons passer par G et par a une droite qui viendra couper la ligne horizontale partant de O au point S.

Ce point sera le sommet d'un demi-cône auquel aboutiront les hypothénuses de tous les triangles égaux à G A a, en supposant que nous les construisions sur les horizontales parallèles au tableau passant par B, C, D. E et F et sur les prolongements des rayons O B, O C, O D, etc.

Quelles seront les longueurs de ces horizontales aux différents points qu'elles doivent occuper ?

Nous pouvons établir notre échelle en joignant G à P.

La ligne partant de B aura une longueur égale à M I ; la ligne partant de C sera égale à N J ; celle partant de D à O K etc Les horizontales comprises entre les parallèles A'P et G P étant toutes égales.

Ayant déterminé toutes ces longueurs, il ne nous restera qu'à joindre les points i, j, k, l, M, au point S pour que ces lignes déterminent, par leurs intersections avec les prolongements des rayons B o, C o, D o, E o et oF, les points b, c, d, e et f de la demi-circonférence cherchée.

Il ne nous reste plus qu'à joindre deux à deux ces points au moyen d'une courbe.

186. — Etant donné le plan perspectif d'un escalier tournant, la hauteur d'une de ses marches, mettre cet escalier en perspective.

Le plan étant donné avec le diamètre A' B' égal au diamètre A B horizontal de la ligure perspective, nous traçons le plan des marches en perspective en abaissant sur A' B, des perpendiculaires depuis les points B', C', D', E', F', et G. (fig. 175 .

Reportant les points 1, 2, 3, etc. sur le diamètre perspectif A B, nous n'aurons qu'à faire passer par chacun d'eux des perpendiculaires au tableau pour déterminer, sur la circonférence, les points de départ des marches : B, N, C, M. D, L, etc.

Reliant tous ces points en O, nous aurons ainsi le plan en perspective de l'escalier.

Les marches s'arrêtent à la petite circonférence.

La hauteur donnée pour une marche est E E'.

Nous établissons l'échelle des hauteurs des marches à partir de e e' que nous avons fait égale à E E'.

Au moyen d'horizontales passant par F et C, G et B, H et A, etc., nous voyons que les hauteurs des marches, à ces différents points, seront f f', g g', etc.

Reportons ces hauteurs autant de fois que cela sera nécessaire sur des verticales que nous faisons passer par A, B, C, D, E, etc. Ces points nous indiqueront les hauteurs des marches suivant l'ordre et le plan qu'elles occupent.

Nous indiquons également en O les différentes hauteurs auxquelles aboutiraient la 1ᵉ la 2ᵉ, la 3ᵉ, etc. marche, en supposant qu'on les prolonge jusqu'à cette ligne.

Ceci étant posé, voyons comment nous pourrons construire les marches.

La 1ʳᵉ contre-marche ayant E E' comme hauteur, la ligne horizontale partant de E', viendra dans la direction du point 1 de la verticale O o'.

Les 2 points E F' sont reliés au moyen d'une partie de circonférence, ainsi que les 2 extrémités supérieures de la marche qui se terminent verticalement au-dessus de la petite circonférence.

La 2ᵉ marche a comme hauteur les points 2 et 2 des verticales passant par F G. Ces 2 points sont reliés également par une partie de circonférence, et les lignes horizontales de la marche se dirigeront sur le point 2 de la verticale O O' Elles se termineront également suivant une verticale partant des points correspondants de la petite circonférence du plan.

La 3ᵉ marche partira des 3ᵉˢ points des lignes verticales partant de G et de H, etc.

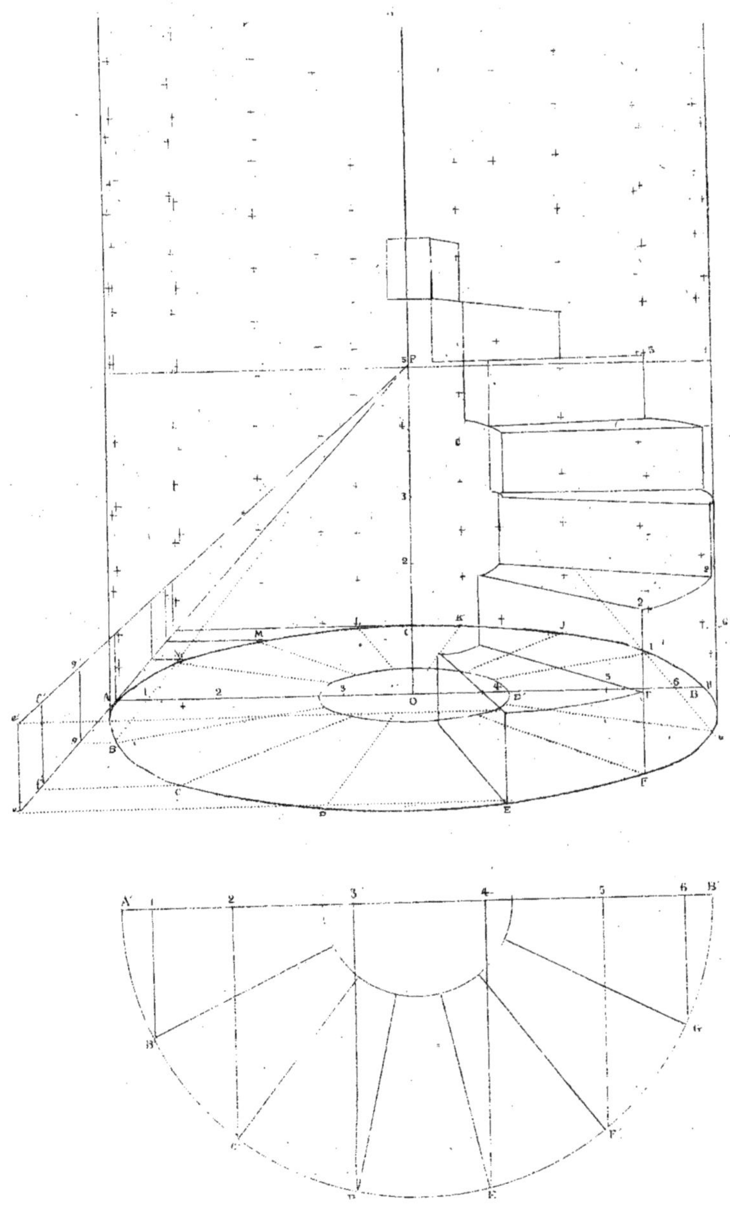

Fig. 175.

187. — Mettre en perspective une voûte d'arête élevée sur des pieds droits, ou piliers isolés, sur un plan donné.

La voûte d'arête est formée par les intersections de 2 voûtes en plein cintre.

Dans le cas qui nous occupe (fig. 176), la voûte A' X' B' C' Z' D, dont la direction est perpendiculaire au tableau, est coupée par une voûte dont la direction est parallèle au tableau.

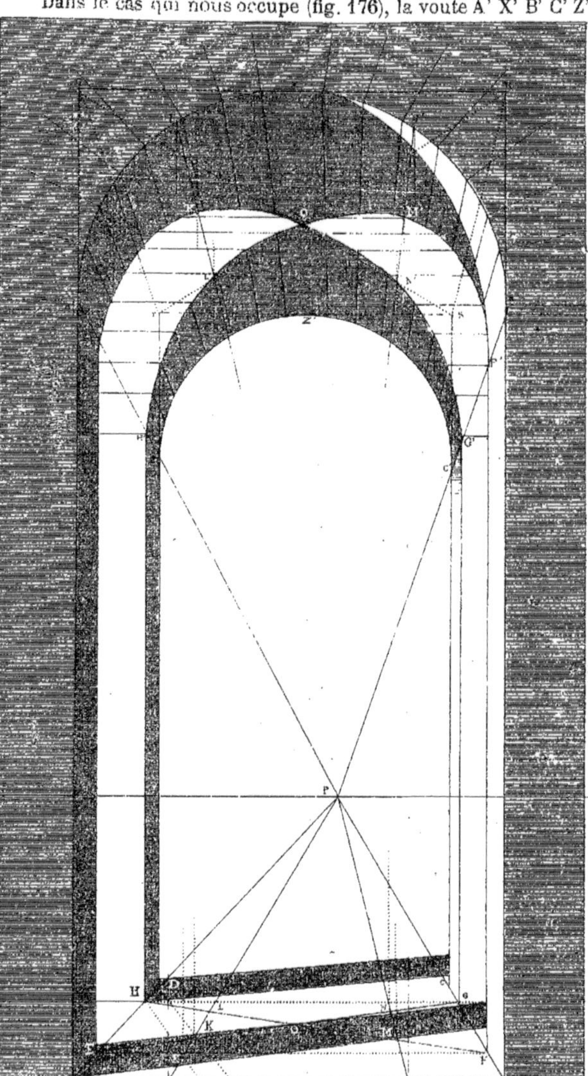

Les intersections de ces voûtes forment 2 lignes courbes dont les projections horizontales deviennent dans le plan en perspective, les lignes E G et H F.

Traçons maintenant la voûte.

Elle se compose de 2 parties visibles de la voûte en plein cintre qui est perpendiculaire au tableau : la demi-circonférence partant du dessus du pilier, A'. de gauche, pour aboutir au dessus, B', du pilier de droite, et la demi-circonférence D' Z' C' perpectivement égale à la 1re et tracée au-dessus des piliers D' et C'.

Les intersections des voûtes commencent aux points E', H', G' et F des 4 piliers et forment 2 courbes qui se coupent en O du plan.

Déterminons ce point.

Il se trouve à la hauteur de X', en perspective, c'est-à-dire à la partie la plus élevée des 2 voûtes en plein cintre

Fig, 176.

qui se coupent.

Si nous faisons, sur le prolongement des piliers, un rectangle Q R S T, à la hauteur de X', les diagonales nous donneront le point d'intersection, O, des 2 courbes.

Voyons par quel procédé il nous sera possible de déterminer d'autres points de ces courbes.

Par exemple : les points K et L qui se trouvent sur une perpendiculaire au tableau partant de I.

Retrouvons, dans la demi-circonférence A' X' B', le point I' dont la projection horizontale est I.

Il se trouve sur une verticale partant de I.

La ligne I P peut aussi être considérée, sur le plan horizontal, comme la projection d'une ligne perpendiculaire au tableau partant de I'.

Traçons cette ligne qui prend la direction de P, et voyons à quels points de cette ligne doivent se trouver les points K et L.

Ils se trouvent également sur des verticales partant de K et L, c'est-à-dire en K' et L'.

Nous déterminerons de la même manière les points M' et N' qui se trouve verticalement au-dessus de M et N, sur une perpendiculaire au tableau partant de J'.

Nous pouvons déterminer ainsi autant de points que nous en désirerons, et les relier ensuite, au moyen de 2 courbes qui forment la voûte d'arête cherchée en perspective.

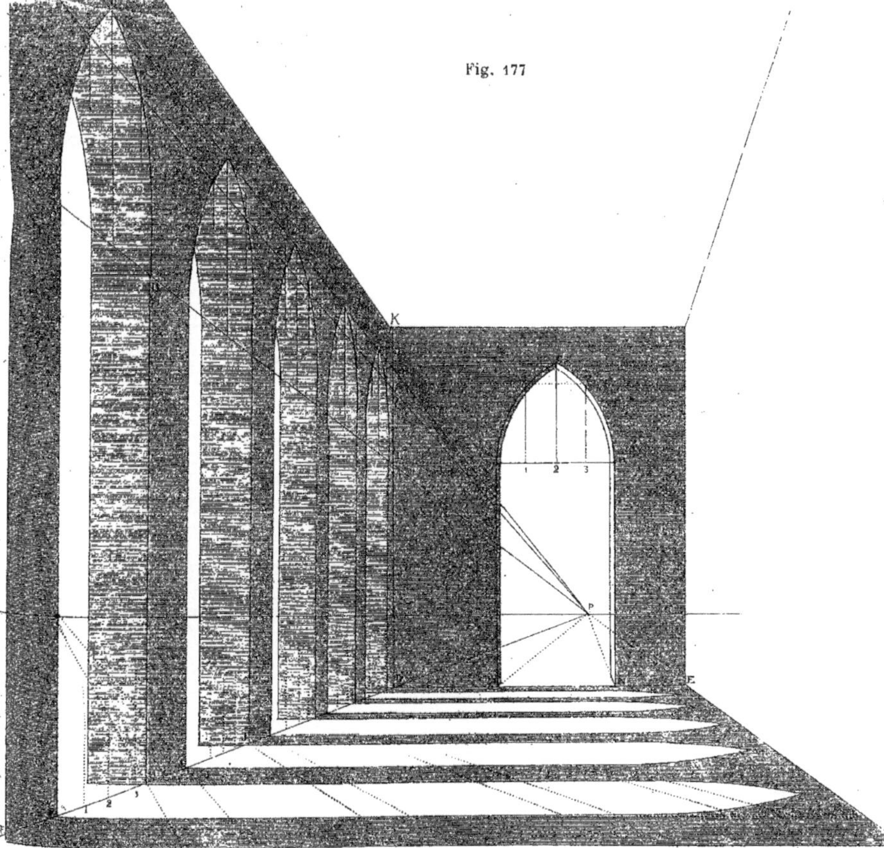

Fig. 177

188 — Etant donné un arc ogival sur un plan parallèle au tableau, tracer en perspective plusieurs arcs égaux, sur un mur perpendiculaire au tableau.

Soit l'arc donné A C B, parallèle au tableau (fig. 177).

Sur la face F D, perpendiculaire au tableau, se trouvent les ouvertures G H, I J etc., de mêmes dimensions que M A C B N. Il s'agit de tracer les courbes qui surmontent ces ouvertures que nous avons faites perspectivement égales.

Les points de départ des courbes sont sur une ligne perpendiculaire au tableau partant de L, où aboutit le prolongement de B A. Les sommets des arcs seront sur une perpendiculaire partant de O.

Si nous partageons la distance A B en 4 parties égales, que nous élevions des verticales aux points 1 et 3, ces verticales coupent l'ogive aux points 1' et 2' qui sont à la même hauteur, ce qui nous permet de trouver la ligne perpendiculaire au tableau qui part de Q et sur laquelle sont les points analogues des arcs cherchés.

Partageons maintenant toutes nos ouvertures en 4 parties perspectivement égales.

De G à H, nous avons les points de division 1, 2 et 3 sur lesquels nous élevons des verticales.

Elles déterminent par leurs intersections avec les perpendiculaires au tableau partant de O et Q, le sommet C' et 2 des points, 1 et 2 de l'arc A' C' B'.

Nous opérons de la même manière pour chacun des arcs à tracer, et nous relions ces points au moyen de courbes.

Si nous avions partagé A B en 6 ou 8 parties égales, cela nous aurait permis d'obtenir un plus grand nombre de points pour chaque arc, en employant toujours la même méthode.

Dans ce cas, nous aurions dû également partager la distance d'un pilier à l'autre en 6 ou 8 parties.

CHAPITRE X

DES OMBRES EN PERSPECTIVE

---

189. — La manière de tracer toutes les ombres en perspective peut se résumer, comme dans le dessin géométral, en un seul cas : l'ombre d'une verticale, car tous les exemples peuvent se diviser de manière à les ramener en un nombre plus ou moins grand de cas de la verticale.

Les ombres, en perspective, ont une direction qui est déterminée par la position du soleil.

Il peut être :

1° Dans le plan du tableau ;

2° Au-delà du tableau,

3° En avant ou en deçà du tableau.

Passons ces 3 cas en revue.

190. — **Le soleil étant dans le plan du tableau, déterminer l'ombre d'une verticale et d'un cube.**

Soit la direction R du rayon lumineux (fig. 178).

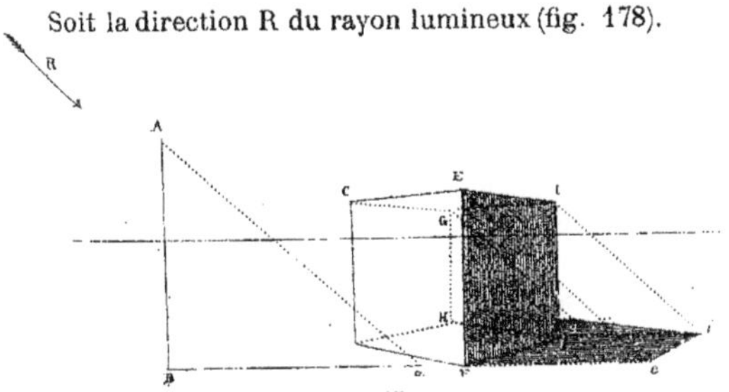

Le soleil étant dans le plan du tableau, tous les rayons qui viennent frapper la verticale A B formeront un plan parallèle au tableau qui coupera le plan horizontal suivant une horizontale B a, parallèle au tableau.

On déterminera le point a en faisant passer par A une parallèle à la direction R du rayon lumineux. L'intersection de cette parallèle avec l'horizontale B a donnera l'extrémité de l'ombre.

Fig. 178

Pour déterminer l'ombre du cube, cherchons l'ombre portée par chacune des verticales, limitant les faces opposées au soleil.

La ligne E F porte l'ombre F e; la ligne I J donne l'ombre J i et G H donne H g.

L'horizontale I E aura donc une ombre qui commence en *i* et finit en *e*. L'horizontale G I a *g i*.

L'ombre portée sera donc F *e i g* H, et l'ombre propre F J I E.

191. — Le soleil étant au-delà du tableau, trouver les ombres d'une verticale et d'un cube

Quand le soleil est au-delà du tableau, on indique sa place sur le tableau comme on le verrait au moyen du perspectographe.

Le point qui indique le soleil sur le tableau est donc le point d'intersection avec le tableau, d'une droite menée du soleil à l'œil du spectateur.

Voyons les conditions que doit remplir ce point lorsqu'il est placé.

La distance du soleil à la terre pouvant être considérée comme infinie, tous ses rayons sont parallèles.

Ce sont donc des parallèles obliques par rapport au plan horizontal.

Leurs projections sur le plan horizontal doivent avoir comme point de fuite l'intersection d'une de ces lignes passant par le point de vue, avec la ligne d'horizon.

Le point de fuite de ces rayons mêmes doit être sur la perpendiculaire à la ligne d'horizon élevée au point de fuite des projections horizontales. C'est le point du tableau qui indique la place du soleil.

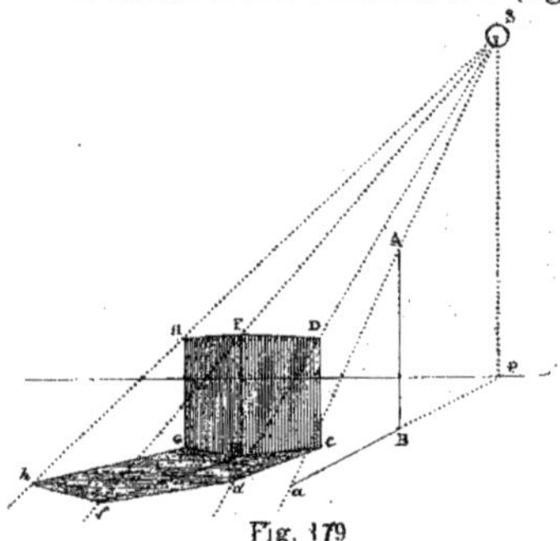

L'ombre d'une verticale A B (fig. 179) sera donc la projection horizontale du rayon S A prolongé jusqu'à sa rencontre ave le plan horizontal. Le point de fuite sera donc en P.

Pour obtenir l'ombre de B A, nous joindrons S à A, B à P et ces lignes prolongées viendront se rencontrer en *a* qui sera l'ombre portée par A. La ligne A B a donc B *a* comme ombre portée.

Cherchons de même les ombres portées par C D, E F et G H, les arêtes du cube qui limitent la partie opposée au soleil, et nous aurons les ombres *c d*, *c f* et *g h*.

L'arête H F portera donc l'ombre *h f*; l'arête F D, l'ombre *f d*.

Fig. 179

Par conséquent l'ombre portée du cube sera G *h f d* G Les faces G H F E et F E C D en formeront l'ombre propre.

192. Remarque. — Dans de certains cas, il n'est point possible de placer l'intersection de la ligne menée du soleil au point de vue, avec le tableau. Cela arrive quand le tableau est trop petit, quand le soleil est trop haut, trop à droite ou trop à gauche.

On indique alors la distance réduite du soleil à la ligne d'horizon, et également réduite la distance du point principal au pied de la perpendiculaire abaissée du soleil sur la ligne d'horizon.

Plusieurs cas peuvent se présenter.

193. — Trouver l'ombre portée d'une verticale, étant donnée la 1/2 distance du soleil à la ligne d'horizon.

Soit à trouver l'ombre portée par A B (fig. 180).

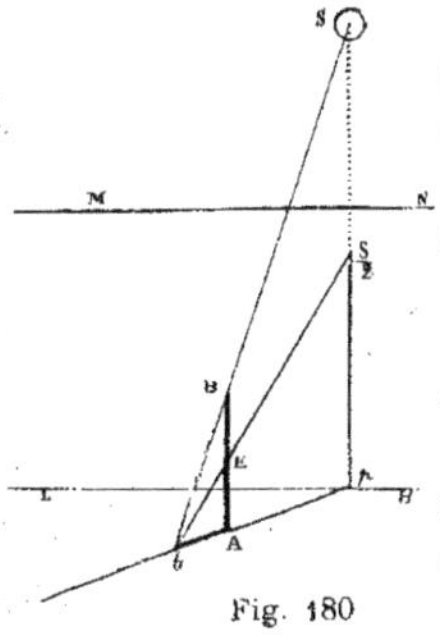

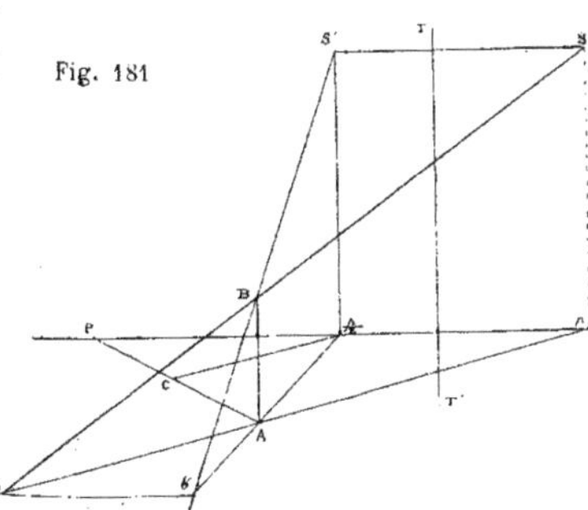
Fig. 180

Le soleil est au-delà du tableau, sur une verticale p S dont nous ne pouvons placer que la moitié $\frac{S}{2}$ dans notre tableau que nous supposons limité par M N.

La direction de l'ombre portée par A B sera toujours p A, quelle que soit la hauteur du soleil.

A quel point de cette ligne s'arrêtera l'ombre de A B ?

Si nous avions le point S au lieu de $\frac{S}{2}$ nous joindrions S à B et l'intersection b, nous donnerait le point cherché.

Comme nous n'avons que $\frac{S}{2}$ joignons-le à b et nous obtenons les 2 triangles semblables à S p b et B A b dont les 2 bases sont partagées en 2 parties égales par la ligne $\frac{S}{2} b$.

Pour obtenir le point b avec le point $\frac{S}{2}$ nous n'aurons donc qu'à partager A B en 2 parties égales, au point F ; joindre $\frac{S}{2}$ à E et le prolongement de cette ligne nous donnera le point b par son intersection avec le prolongement de p A.

Si nous avions $\frac{S}{3}$ nous partagerions A B en trois parties égales et nous joindrions le 1er point de division, à partir de A au point $\frac{S}{3}$. Si on avait $\frac{S}{4}$, la ligne devrait être partagée en 4 parties égales, etc.

La démonstration serait toujours la même.

194. — Trouver l'ombre d'une verticale, la hauteur du soleil étant donnée, mais la distance du pied de la perpendiculaire abaissée du soleil sur la ligne d'horizon jusqu'au point principal, étant réduite.

Soit à trouver l'ombre portée par A B (fig. 181).

Fig. 181

La hauteur du soleil est S' ; la distance de p au point principal P est en dehors du tableau qui est limité par T T' ; nous n'avons que le milieu $\frac{p}{2}$ de la ligne P p.

Afin de nous rendre plus facilement compte de la manière d'obtenir l'ombre cherchée, supposons que nous ayons S à notre disposition.

L'ombre portée par A B s'obtiendrait alors en traçant des droites par B et S, par A et p, et le point d'intersection de ces lignes, b, serait le sommet de l'ombre cherchée A b.

Etant donné $\frac{p}{2}$, ne pouvons-nous pas trouver la direction A b ?

Joignons A à P et partageons cette ligne en 2 parties égales, au point C. Joignons C $\frac{p}{2}$ et par A, faisons passer une parallèle à cette ligne.

Nous aurions bien la ligne A p, ce qu'il est facile de démontrer à cause des triangles semblables P A p et P C $\frac{p}{2}$.

Nous pouvons donc, sans nous servir de p, trouver la direction de l'ombre de A B.

Comment pourrons-nous trouver le point b sans avoir S à notre disposition ?

Joignons S' à B ; A à $\frac{p}{2}$ et ces deux lignes prolongées se coupent en b' qui se trouve sur la même horizontale que b.

En effet, considérons les lignes S S' B qui forment un triangle dont la base S S' est horizontale.

Un plan reposant sur ces lignes et qui serait continué sur leurs prolongements B b et B b' ne pourrait couper le plan horizontal du tableau que suivant une horizontale parallèle au tableau, c'est-à-dire suivant b b'.

Résumons les opérations qui sont nécessaires pour déterminer l'ombre de A B.

Joignons A à P. Partageons P A en 2 parties égales. Joignons C, le milieu, à $\frac{p}{2}$ et par A, faisons passer une parallèle à cette ligne. soit A b.

Joignons $\frac{p}{2}$ à A; S' à B. Ces 2 droites se coupent en b'. Faisons passer par b' une horizontale qui détermine le point b par son intersection avec la ligne A B.

Si nous n'avions que le 1/3 de la distance de P à p, nous partagerions A P en 3 parties égales et par le premier point de division à partir de P, nous mènerions une ligne à $\frac{p}{3}$ pour avoir la direction de l'ombre portée partant de A, etc.

Remarque. — De cette démonstration nous concluons que si le soleil se trouve à différents points d'une ligne parallèle à la ligne d'horizon, les ombres portées qu'il déterminera, avec un point fixe, se trouveront sur une même ligne horizontale parallèle au tableau.

195. — Trouver l'ombre portée d'une verticale, la hauteur du soleil étant réduite, ainsi que sa distance jusqu'au point principal. Il est au-delà du tableau.

Soit à déterminer l'ombre portée de A B (fig. 182).

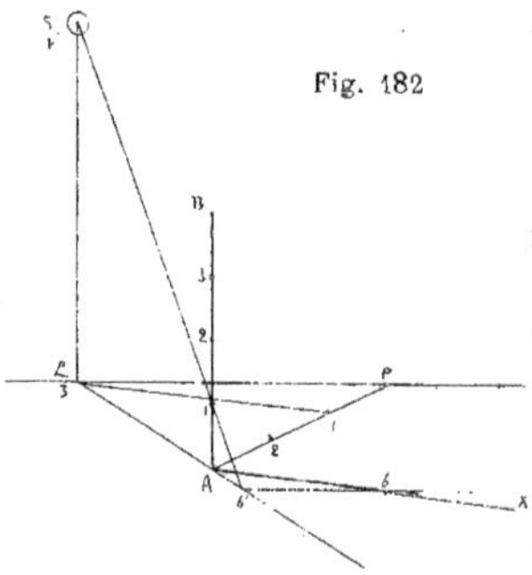

Nous avons le soleil en $\frac{S}{4}$ et la distance du pied de la perpendiculaire abaissée du soleil sur la ligne d'horizon à $\frac{p}{3}$ c'est-à-dire que le soleil est au-dessus de la ligne d'horizon, à une distance égale à 4 fois la ligne $\frac{S}{4}$ $\frac{p}{3}$ et à gauche du point principal à une distance égale à 3 fois P $\frac{p}{3}$.

Fig. 182

Joignons A à P, partageons cette ligne en 3 parties égales. Traçons la ligne 1 $\frac{p}{3}$ et faisons passer par A une parallèle, A X, à cette droite.

Partageons A B en 4 parties égales.

Joignons le point 1 de A B à $\frac{S}{4}$ Traçons également A $\frac{p}{3}$ et prolongeons ces 2 lignes jusqu'à leur rencontre au point b'.

Par b', menons une horizontale qui coupe la ligne A X au point b.

L'ombre portée par A B sera A b.

Démonstration. — Voir les deux cas précédents.

196. — Etant donnée la distance réduite du soleil à la ligne d'horizon et au point principal, trouver l'ombre portée d'une verticale par un autre procédé que les précédents.

Soit à déterminer l'ombre portée par B A (fig. 183) étant donné $\frac{S}{3}$ et $\frac{p}{3}$

Joignons B à P, partageons B P en 3 parties égales, faisons passer par le point 1 une droite à $\frac{p}{3}$ et par B une parallèle à cette droite, B M.

Nous avons ainsi la direction B M qui, suffisamment prolongée, rencontrerait la ligne d'horizon au point p, pied de la perpendiculaire abaissée du soleil sur la ligne d'horizon, comme cela a été démontré plus haut.

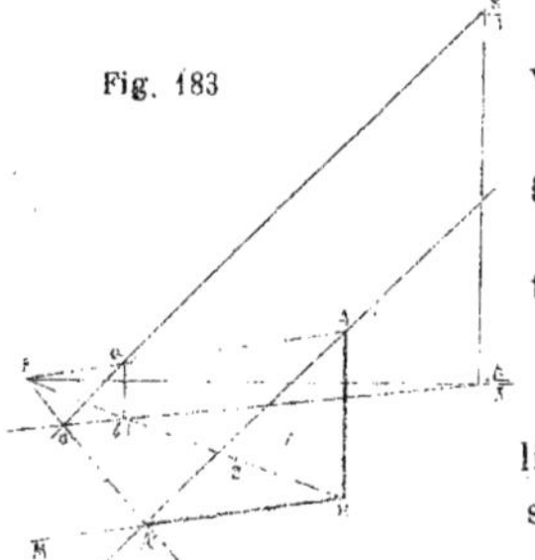

Fig. 183

Joignons maintenant A à P, et au point 1, élevons la verticale $b\,a$.

Faisons passer une droite par $\frac{S}{3}$ et a et prolongeons-la jusqu'à la rencontre de $\frac{p}{3}b$, en a'.

Joignons a' à P et prolongeons jusqu'à la rencontre de la ligne B M au point A'.

Le point A' est l'ombre portée par A.

Démonstration. — Il suffit de faire voir que la ligne A' A prolongée irait bien au point occupé par le soleil.

Pour cela, considérons les triangles A B P et $a\,b$ P. Ils sont semblables et leurs côtés sont entre eux comme 1 est à 3.

Prenons maintenant les 2 triangles P B A' et P $b\,a'$. Ils sont aussi semblables et de même leurs côtés sont entre eux comme 1 est à 3.

Les 2 triangles $a'\,b$ et A' B A sont donc semblables comme ayant un angle droit $a\,b\,a'$ et A B A' compris entre deux côtés proportionnels.

Les triangles $a'\,\frac{3}{3}\frac{S}{8}$ et A' p S seront aussi semblables entre eux, puisqu'ils sont semblables aux triangles $a'\,b\,a$ et A' B A. (Nous représentons par S la véritable place du soleil et par p le pied de la perpendiculaire abaissée du soleil sur la ligne d'horizon).

Mais nous avons $b\,\frac{p}{3}$ qui est à B p comme 1 est à 3; donc $\frac{S}{3}\frac{p}{3}$ sera aussi à S p comme 1 est à 3. Le point où la ligne A' A viendra rencontrer la perpendiculaire élevée en p à la ligne d'horizon sera donc 3 fois plus élevé que $\frac{p}{3}\frac{S}{3}$ au-dessus de la ligne d'horizon. Ce sera donc bien à la place occupée par le soleil, et l'ombre B A' sera bien l'ombre portée par A B, c, q, f, d.

197. — Le soleil étant au-delà du tableau, trouver l'ombre portée par un corps faisant saillie sur un mur.

Soit à déterminer l'ombre de la saillie E F B A D C sur le mur auquel elle est adossée (fig. 184).

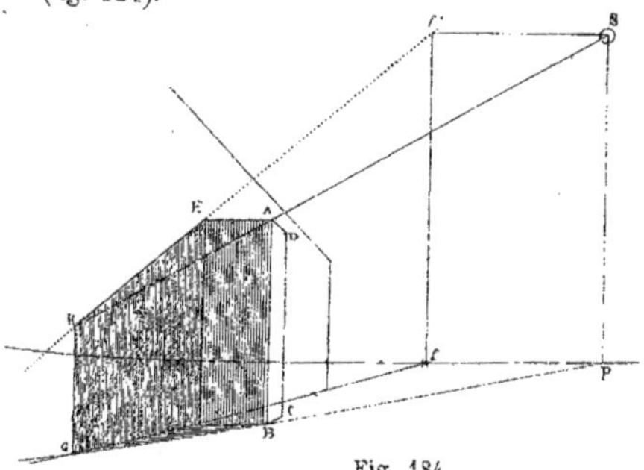

Fig. 184

Le soleil étant en S, l'ombre de la verticale B A aura la direction B P et viendra couper le pied du mur en G, pour s'élever ensuite verticalement, suivant une parallèle à A B.

En joignant A à S, cette ligne viendra couper la verticale de l'ombre en H, qui sera l'ombre portée par A.

La ligne E A aura donc comme ombre portée E H.

Cette ligne H E aurait comme point de fuite le point f' qui se trouve sur une horizontale passant par S et sur une verticale partant de f.

Nous terminerons l'étude des ombres en perspective. le soleil étant au-delà du tableau, par l'exemple suivant.

198. — Trouver l'ombre portée d'une voûte en berceau, le soleil étant au-delà du tableau, les 1/3 de sa distance au point principal et au-dessus de la ligne d'horizon étant donnés.

Soit à trouver l'ombre de la voûte dont l'ouverture est A B C, 1, 2, 3, 4, 5 D (fig 185) du côté du soleil.

Etant donné $\frac{S}{3}$ et $\frac{p}{3}$.

Nous partageons chacune des lignes A P, B P, C P, etc., en 3 parties égales, et nous construisons la voûte réduite au $\frac{1}{3}$, $a\,b\,c\,1, 2, 3, 4, 5, d$.

Joignant b à $\frac{p}{3}$, et faisant passer une parallèle à cette ligne par B, nous aurons l'ombre portée par B C.

Pour trouver la limite de cette ombre, nous joignons c à $\frac{S}{3}$ et nous faisons passer une parallèle à cette droite par C. Cette ligne coupe l'ombre de B C en c', qui est l'ombre de C.

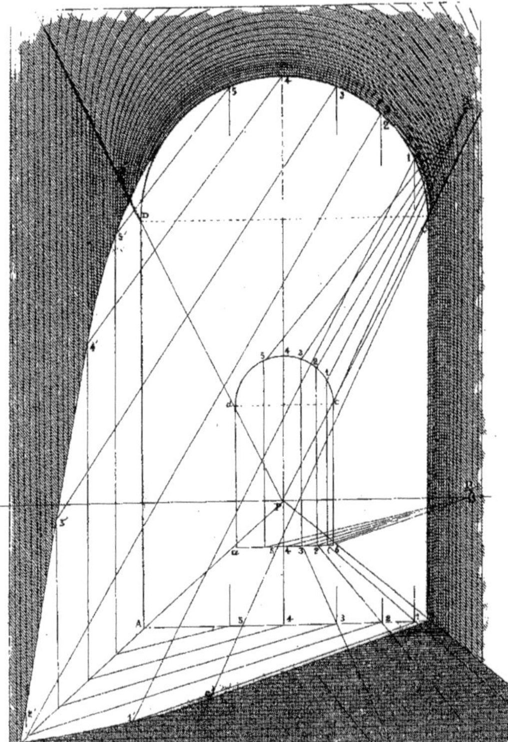

Pour déterminer l'ombre d'un certain nombre de points de la voûte, nous opérerons de la même manière, en supposant que par chacun des points choisis passent des verticales.

Pour trouver l'ombre portée par le point 1, par exemple, dont le pied de la verticale serait le point 1 de A B, nous tracerons du point 1 de la voûte réduite, une ligne en $\frac{S}{3}$, et par le point 1 de la voûte donnée, une parallèle.

L'ombre de la ligne verticale passant par 1 a une direction que nous déterminons en joignant 1 de $a\,b$ à $\frac{p}{3}$, et en faisant passer par 1 de A B, une parallèle à cette ligne.

Ces 2 lignes se rencontrent au point 1' qui est l'ombre portée de 1.

Nous trouvons encore le point d'ombre 2' sur le plan horizontal ; mais pour les points suivants, nous remarquons qu'ils tombent sur le mur vertical. Voyons comment on les détermine.

Fig. 185

Le point 3', par exemple :

La verticale passant par le point 3 de la grande voûte a pour direction une parallèle à la ligne partant du point 3 de $a\,b$ pour aller à $\frac{p}{3}$.

Cette parallèle vient couper la ligne A M au point 3, puis l'ombre s'élève verticalement.

Son sommet sera déterminé par l'intersection de la ligne partant de 3 qui est parallèle à la ligne $3\frac{S}{3}$, menée du point 3 de la voûte réduite.

Lorsque nous aurons ainsi déterminé un certain nombre de points, nous n'aurons plus qu'à les relier par une courbe pour avoir la ligne d'ombre cherchée.

Le point d'ombre limite de la voûte se détermine en menant de $\frac{S}{3}$ une tangente à la voûte réduite, et en faisant passer une parallèle à cette ligne, tangente à la voûte donnée.

199. — Le soleil étant en avant du tableau, déterminer l'ombre d'une verticale et d'un cube.

Lorsque le soleil est derrière le spectateur, les rayons qui viennent frapper un objet sont des parallèles obliques au plan horizontal.

Les projections de ces lignes sur le plan horizontal seront des horizontales qui auront comme point de fuite, sur la ligne d'horizon, le point d'intersection d'une de ces lignes passant par l'œil du spectateur.

Le point de fuite des rayons eux-mêmes sera donné par l'intersection, avec le tableau, du rayon lumineux qui passerait par l'œil et qui serait prolongé jusqu'au tableau.

Pour nous rendre compte que le point ainsi obtenu est bien le point de fuite de tous les rayons lumineux, rappelons-nous que ces rayons, étant des parallèles fuyantes, doivent tous se rencontrer en un point du tableau, mais que le rayon qui passe par l'œil et qui serait prolongé au-delà du tableau ne serait plus qu'un point, sur le tableau, pour le spectateur.

Comme les autres rayons doivent se rencontrer avec ce dernier, ils devront passer par le point que nous avons ainsi déterminé.

Ce point de fuite des rayons lumineux est, par rapport au soleil et au spectateur, le point directement opposé au soleil dans l'espace, on le nomme *Nadir* et on le représente par N en perspective. Il n'a rien de commun avec le *Nadir astronomique*.

Il est bien entendu que, dans presque tous les cas, ce point se trouve au-dessous de la ligne d'horizon, puisque le soleil est presque toujours au-dessus de cette ligne.

Il n'y a que deux cas où le soleil est à la hauteur de la ligne d'horizon et par conséquent où le *Nadir* s'y trouve également, c'est le cas où se trouvant au bord de la mer, on voit le soleil, soit à son lever, soit à son coucher, se confondre avec l'horizon.

Cela établi, voyons comment nous pourrons déterminer l'ombre A B (fig. 186).

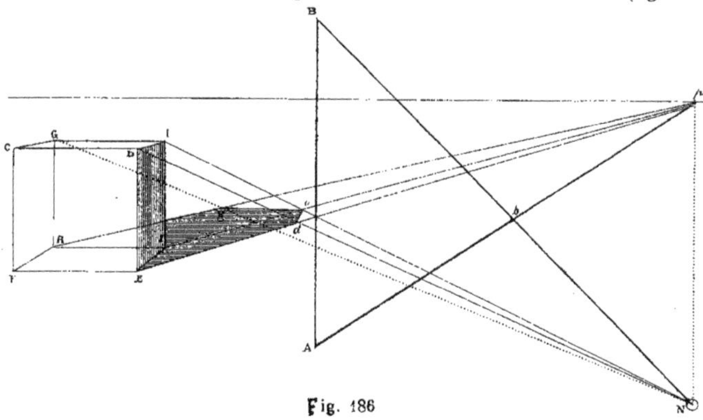

Fig. 186

Le soleil étant en avant du tableau, nous indiquons le point opposé, ou *Nadir* en N.

Le pied p, de la perpendiculaire abaissée de N sur la ligne d'horizon sera le point de fuite des ombres portées par des verticales.

L'ombre de A B a donc A p comme direction.

L'extrémité de cette ombre sera déterminée si l'on joint B à N, puisque tous les rayons ont cette direction en perspective. Le point d'intersection de B N aveo A p donne le point b qui est l'ombre portée par B. La verticale A B a donc A b pour ombre portée.

Pour déterminer l'ombre du cube, nous déterminerons de la même manière que pour A B, les ombres des 3 verticales G H, I J et D E qui bordent les faces opposées au soleil.

Nous obtenons les ombres H g, J i, E d.

La ligne D I portera donc l'ombre $d\,i$ et la ligne I G. l'ombre $i\,g$.

Relions ces points 2 à 2 et nous aurons l'ombre portée par le cube.

200. — Il peut se faire, comme nous l'avons vu dans la deuxième position du soleil par rapport au tableau, que nous ne puissions pas toujours indiquer le *nadir* dans le tableau.

Dans ce cas on indique les distances réduites du *nadir* à la ligne d'horizon et au point principal.

Cela peut donner lieu à plusieurs problèmes que nous allons passer en revue, en prenant comme exemple le cas le plus simple, celui de la verticale qui sert à résoudre tous les autres.

201. — **Trouver l'ombre portée par une verticale, le soleil étant en avant du tableau, $\frac{N}{2}$ étant donné.**

Soit à trouver l'ombre portée par B A (fig. 187).

La direction de l'ombre de A B sera toujours en p, pied de la perpendiculaire abaissée du soleil sur la ligne d'horizon.

Pour trouver sur A p le point d'ombre porté par B, joignons B à p ; partageons cette ligne en 2 parties égales au point M. Joignons M à $\frac{N}{2}$ et, par B, faisons passer une parallèle à M $\frac{N}{2}$. Cette parallèle coupe A p en b qui est l'ombre portée par B.

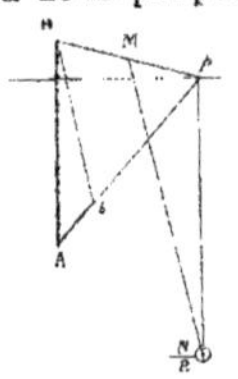

Fig. 187

Démonstration. — Il suffit de faire voir que B b, suffisamment prolongée, irait bien passer par N.

Comme N est à 2 fois $p\,\frac{N}{2}$ de la ligne d'horizon, il suffira de démontrer qu'en prolongeant B b et $p\,\frac{N}{2}$ jusqu'à leur rencontre au point X, nous devons avoir X $p = 2\,p\,\frac{N}{2}$.

En effet, nous obtiendrions 2 triangles semblables M $p\,\frac{N}{2}$ et B p X dont les côtés sont entre eux comme 1 à 2 ; donc X $p = 2\,p\,\frac{N}{2}$, *c. q. f. d.*

202. — **Trouver l'ombre d'une verticale, étant donnée la distance réduite de P au pied de la perpendiculaire abaissée du Nadir sur la ligne d'horizon.**

Soit à déterminer l'ombre de A B, étant donné $\frac{p}{2}$ (fig. 188).

Pour mieux nous rendre compte des constructions à faire dans ce cas, et des démonstrations qui s'y rapportent, supposons que notre tableau, au lieu d'être limité en T T', soit suffisamment grand pour que nous puissions placer N à la place qu'il occupe réellement.

Pour déterminer la direction de l'ombre de A B en nous servant de $\frac{p}{2}$ joignons B à P, partageons P B en 2 parties égales au point b ; joignons b à $\frac{p}{2}$ et par B, faisons passer une parallèle à $b\frac{p}{2}$.

La ligne B R aura bien la direction de p.

En effet, nous avons 2 triangles semblables P $b\frac{p}{2}$ et P B p qui ont leurs côtés proportionnels.

Comme B P $= 2\,b$ P, B p sera aussi égal à 2 P$\frac{p}{2}$. La ligne B R, prolongée, ne pourra donc rencontrer la ligne d'horizon qu'au point p.

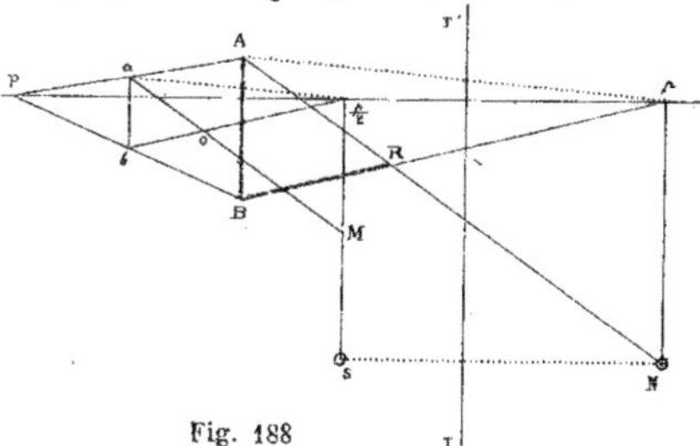

Fig. 188

Il nous reste maintenant à trouver sur la direction de l'ombre B p, le point d'ombre porté par l'extrémité A de la verticale.

Traçons la ligne A P ; partageons-la en 2 parties égales au point a.

Partageons également S$\frac{p}{3}$ en 2 parties égales au point M.

Menons la ligne a M, et par A, faisons passer une parallèle à a M. Cette parallèle coupera B p au point R qui est l'ombre de A.

Démonstration. — Il suffit de faire voir que le prolongement de A R irait bien passer par N.

En effet, les triangles P $a\,b$ et et P A B sont semblables et ont leurs côtés qui sont entre eux comme 1 à 2, puisque P b est la moitié de P B.

Donc A B $= 2\,a\,b$.

Les triangles $a\,b\frac{p}{2}$ et A B p sont aussi semblables comme ayant les côtés parallèles. Le côté $a\,b$ étant A B comme 1 à 2, les autres côtés auront entre eux les mêmes proportions ; donc A $p = 2\,a\frac{p}{2}$.

Prenons maintenant les 2 triangles $a\frac{p}{2}$ M et A p N. Ils sont aussi semblables comme ayant les angles égaux chacun à chacun. En effet l'angle $\frac{p}{2}\,a$ M $= p$ A N.

$$a\frac{p}{2}\quad \text{M} = \text{A P N},$$

comme se composant tous deux d'un angle droit, plus les angles égaux $a\frac{p}{2}$ P $=$ A p P.

Les troisièmes angles sont donc égaux comme étant supplémentaires de 2 angles égaux.

Les 2 triangles étant semblables, comme A P $= 2\,a\frac{p}{2}$, P N sera aussi égal à 2$\frac{p}{2}$ M.

La direction A R vient donc rencontrer le *Nadir* à la place qu'il occupe.

203. — Trouver l'ombre d'une verticale, étant donnés $\frac{N}{3}$ et $\frac{p}{4}$.

Soit à déterminer l'ombre de A B (fig. 189), étant donnés $\frac{N}{3}$ et $\frac{P}{4}$, ce qui revient à dire que la distance du *Nadir* à la ligne d'horizon est égale à 3 fois $\frac{N}{3}\frac{p}{4}$, et que la distance du pied de la perpendiculaire abaissée du Nadir sur la ligne d'horizon est égale à 4 fois P$\frac{p}{4}$.

Nous déterminerons la direction de l'ombre en joignant B à P, en partageant cette ligne en 4 parties égales aux points 1, 2, 3, en traçant 1$\frac{p}{4}$ et en faisant passer, par B, une parallèle à cette ligne, soit B E. (Voir n° 188).

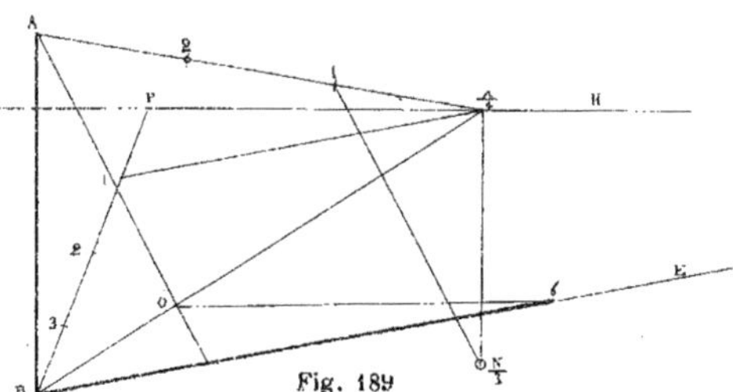

Fig. 189

Il nous reste à trouver, sur B E, le point de l'ombre porté par A.

Pour cela nous nous rappellerons que la hauteur du soleil étant la même par rapport à la ligne d'horizon, les ombres portées par un point fixe se trouvent sur la même horizontale parallèle au tableau, que le soleil soit plus ou moins à droite ou à gauche (cas du n° 194).

Supposons que le Nadir soit réellement sur la ligne $\frac{p}{4}\ \frac{N}{3}$.

L'ombrr de A B se déterminerait alors en joignant B à $\frac{p}{4}$, en partageant $A\frac{p}{4}$ en 3 parties égales, en traçant $1\frac{N}{3}$, et en faisant passer par A une parallèle à cette droite. Le point d'intersection O de cette ligne avec $B\frac{p}{4}$ serait l'ombre portée par le point A. (Voir n° 201).

N n'est pas sur $\frac{p}{4}\ \frac{N}{3}$; il est plus à droite, mais à la même hauteur par rapport à la ligne d'horizon. L'ombre de A sera donc sur une horizontale partant de O, c'est-à-dire en b, point d'intersection de cette horizontale avec B E, direction déjà trouvée de l'ombre.

204. — Ombres au flambeau.

Les ombres produites par un flambeau sont différentes des ombres solaires.

D'un côté les rayons sont parallèles, de l'autre ils sont divergents.

Pour nous rendre compte de la manière d'obtenir les ombres produites par une lumière artificielle, nous prendrons toujours le même point de départ : la verticale. Nous verrons qu'il peut nous servir à résoudre tous les cas qui peuvent se présenter.

205. — Déterminer les ombres produites dans l'intérieur d'une chambre par une lumière artificielle.

Soit le flambeau L (fig. 190) posé sur une table.

Cette table portera sur le plancher et sur le mur auquel elle est adossée, une ombre que nous allons chercher.

Le point A, de la table, sera éclairé par le rayon L A qui, prolongé jusqu'au plancher, déterminera l'ombre portée par A.

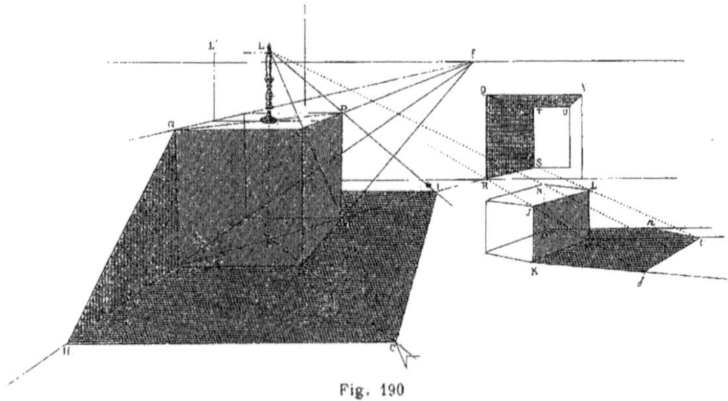

Fig. 190

Pour trouver ce point d'intersection, considérons la partie L A, du rayon lumineux. C'est une oblique qui, sur le sol, aurait comme projection, la ligne P B.

Le point B est considéré comme le pied de la perpendiculaire abaissée de A jusqu'au plancher.

Le prolongement du rayon L A ou A C étant en ligne droite avec L A, sa projection sera le prolongement de P B.

Le point C, où ces lignes se rencontrent, est donc le point d'ombre porté par A.

Pour chacune des lignes verticales, nous déterminerons de la même manière, c'est-à-dire en joignant les pieds des lignes au point P, la direction de i'ombre.

Les extrémités de l'ombre s'obtiendront en joignant L aux sommets des verticales. Les points d'intersection de ces lignes avec les directions qu'on a déterminées donneront les ombres cherchées.

La ligne A G a une autre direction : elle est perpendiculaire au mur vertical.

Ce cas sera ramené au précédent si nous abaissons une perpendiculaire de L sur le mur.

La direction de l'ombre sera L' G prolongé qui vient rencontrer la ligne du plancher en H.

L'ombre de G A sera donc en partie sur le mur et en partie sur le plancher ; ce sera G H C.

De même à l'intérieur de la cheminée, l'ombre sera produite par la verticale Q R. Elle aura comme direction une ligne qui partira de P et viendra rencontrer le fond de la cheminée en S. De ce point elle monte verticalement, c'est-à-dire suivant une parallèle à R Q, pour se terminer à la rencontre de la ligne L Q prolongée, au point T.

L'ombre portée par Q V partira de T et sera parallèle à Q V ; ce sera T U et elle se terminera sur le côté de droite de la cheminée par U V.

Pour avoir l'ombre portée par la caisse, nous chercherons les ombres portées par chacune des verticales J K, L M et N O, ce qui nous donnera les points *j*, *l*, *n*, lesquels, reliés 2 à 2 ainsi qu'aux pieds K et O des 2 verticales extrêmes J K et N O nous donnent l'ombre cherchée.

CHAPITRE XI

206. — Perspective des réflexions dans l'eau ou dans les miroirs.

Afin de nous rendre compte plus facilement des figures qu'on obtient, en perspective, par réflexion dans un miroir ou dans une eau tranquille, rappelons-nous le principe de la réflexion, et voyons les résultats donnés par quelques cas.

Un rayon lumineux partant d'un point, qui frappe une surface réfléchissante pour aller ensuite à l'œil du spectateur, fait avec cette surface un angle d'incidence égal à l'angle de réflexion.

Remarque. — On appelle angle d'incidence l'angle formé par le rayon qui touche un point d'une surface, avec la perpendiculaire élevée au même point de la surface. Exemple : l'angle A B N (fig. 191).

L'angle de réflexion est l'angle formé par ce même rayon renvoyé par la surface et la même perpendiculaire. Exemple : l'angle N B O.

Ces deux rayons et la perpendiculaire, ou normale, se trouvent sur le même plan.

207. — Etant donnés un point A et une surface d'eau tranquille, trouver le point de réflexion de A par rapport au spectateur placé en O.

Soit à déterminer le point de réflexion de A par rapport à O, sur la surface C D (fig. 191).

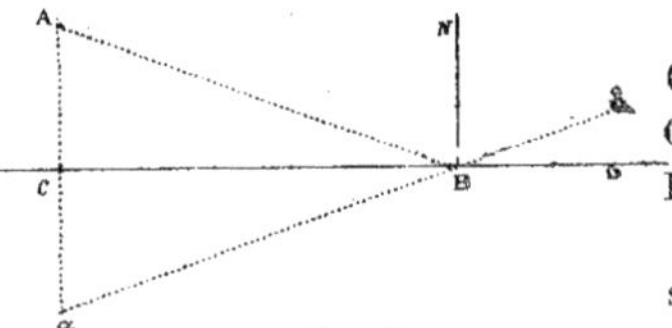

Fig. 191

Abaissons la perpendiculaire A C par rapport à C D. Prolongeons cette ligne en *a* d'une longueur C *a* = C A. Joignons *a* à O et le point d'intersection B de cette ligne *a* O avec C D est le point cherché.

Le spectateur verra dans l'eau le point A en *a*, suivant la direction O B.

Démonstration. — Si le point B est bien le point cherché, l'angle d'incidence A B N doit être égal à N B O.

Pour le démontrer, il suffira de faire voir que A B C = O B D, car

$$A\ B\ N + A\ B\ C = 1\ \text{angle droit}$$
$$N\ B\ O + O\ B\ D = 1\ \text{angle droit}$$
$$\text{donc}\quad A\ B\ N + A\ B\ C = N\ B\ O + O\ B\ D.$$

Si de chaque membre de cette égalité nous retranchons une quantité égale A C B = O B D, l'égalité subsistera toujours, et nous aurons A B N = N B O.

L'angle A B C est bien égal à l'angle O B D, puisque le triangle A B C est égal à C B α et que par conséquent l'angle A B C = C B α. Mais C B α = O B D comme opposés par le sommet.

Les 2 angles O B D et A B C étant égaux à un troisième, sont égaux entre eux et par conséquent A B N = N B O c. q. f. d.

208. — Trouver la réflexion d'une verticale.

Soit à trouver la réflexion de A B (fig. 192).

Trouvons comme précédemment la réflexion de A que le spectateur placé en O voit se réfléchir en α.

La ligne A B se réfléchira suivant B α.

Pour mieux concevoir comment l'objet apparait par réflexion, prenons, sur A B, un point C et cherchons sa réflexion.

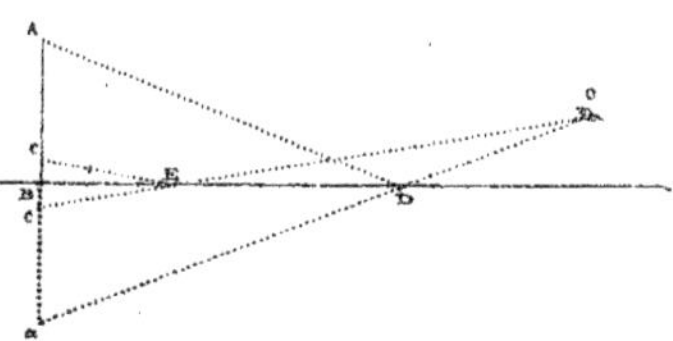

Fig. 192.

Elle est en c.

Nous remarquons que la figure est renversée par réflexion, puisque le point A qui est le plus élevé dans la verticale devient le plus bas dans la réflexion.

209. — Trouver la réflexion d'une horizontale.

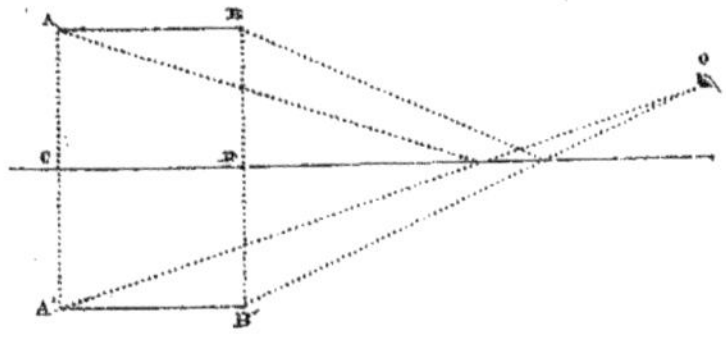

Soit à trouver la réflexion de l'horizontale A B (fig. 193).

Cherchons la réflexion de chacun des points A et B. Nous obtenons A' et B' qui, reliés donnent encore une horizontale.

Ainsi le spectateur placé en O verra la ligne A' B' parallèle à A B et ces 2 lignes auront le même point de fuite en perspective.

Fig. 193

210. — Trouver la réflexion d'une droite inclinée par rapport à la surface réfléchissante.

Soit à trouver la réflexion de la ligne A B, oblique par rapport à M N (fig. 194).

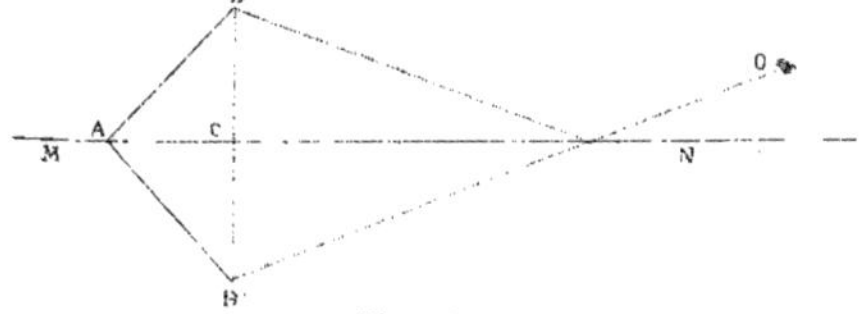

Cherchons la réflexion de B que nous trouvons en B'.

En joignant A à B', nous aurons la réflexion de A B.

Nous obtenons donc une ligne inclinée dans le sens opposé à la ligne A B.

Les projections de A B et de A B' se confondront en A C sur la surface M N.

Fig. 194

Si le spectateur placé en O voyait plusieurs parallèles à A B, il aurait à mettre en perspective des obliques dont les points de fuite seraient sur une perpendiculaire à la ligne d'horizon partant du point de fuite de A C.

Les réflexion de ces lignes seraient aussi des parallèles qui auraient leurs points de fuite sur cette même perpendiculaire, mais non au même point, puisqu'elles ne sont pas inclinées dans le même sens.

Un de ces points de fuite serait au-dessus et l'autre au-dessous de la ligne d'horizon.

211. Remarque. — Les figures qui se réfléchissent ne sont pas toujours au-dessus ou au bord de l'eau ; mais pour en trouver la réflexion, il faut toujours supposer que la surface réfléchissante se prolonge jusqu'au dessous des objets dont on veut obtenir la réflexion.

Par exemple : le spectateur placé en O trouvera la réflexion de A B (fig. 195) sur la surface M N en supposant cette surface prolongée jusqu'en P, et en disposant ses constructions comme si le terrain B C M P n'existait pas. On obtiendrait la réflexion B' A' qui ne serait pas toute visible par le spectateur, puisque la réflexion de M C en cache une partie.

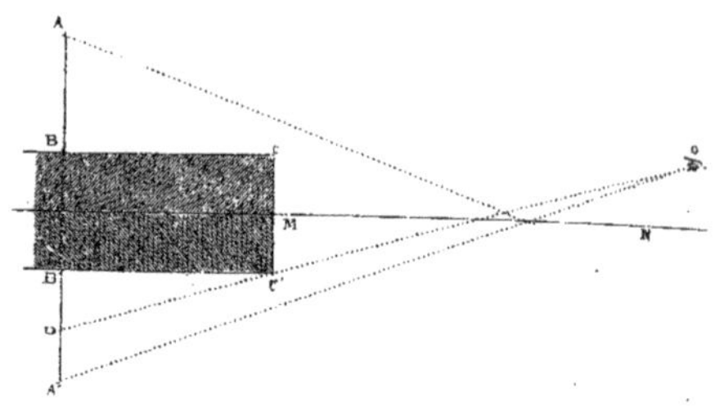

Fig. 195

Le spectateur qui, du point de vue O, voit toute la droite A B, n'en apercevra, par réflexion, que la partie D A'.

Ceci posé, voyons quelques exemples de réflexion en perspective.

212. — Trouver la réflexion d'un mur baigné par une nappe d'eau tranquille.

Pour trouver la réflexion du mur (fig. 196) nous abaissons du point A de la 1re pierre baignée par l'eau, une verticale X a = X A et nous avons le point a pour la réflexion de A.

Fig. 196.

Nous opérons de la même manière pour obtenir les arêtes verticales de toutes les pierres qui composent le mur, dans sa partie qui est en avant du spectateur.

Les arêtes supérieures des pierres sont parallèles et ont leur point de fuite en F ; leurs réflexions iront également en F et on obtiendra leurs extrémités en réflexion si l'on abaisse des extrémités des arêtes du mur, des verticales qui coupent les directions indiquées en réflexion aux points cherchés.

Par exemple : l'arête H I, se trouvera, en réflexion, dans la direction h F. L'extrémité i se trouvera sur la verticale partant de I.

Nous avons l'une des pierres F G B E, etc., qui n'est pas dans la direction des autres.

Le point de fuite de E D est en F'. Les arêtes verticales B E, F G ne sont pas sur le même plan que A X ; mais la pierre a un point C qui se trouve sur l'arête horizontale partant de A et dont nous avons déjà la réflexion.

Nous retrouvons ce point C en c, suivant une verticale.

La direction de l'arête E D étant en F', nous joignons c en F' pour avoir la direction de l'arête par réflexion.

L'extrémité b se trouvera sur la même verticale que B et la hauteur b e sera la même que B E, etc.

Nous remarquerons que le terrain peut avoir une inclinaison telle qu'il ne soit pas possible de l'apercevoir en réflexion. On ne voit que les parties supérieures des buissons et des peupliers dans l'exemple que nous avons choisi.

213. — Faire la perspective d'une salle garnie de deux grandes glaces à ses deux extrémités,

Le fond de la salle E F G H (fig. 197) est garni d'un miroir qui en remplit toute la surface. Il en est de même du fond opposé A B C D.

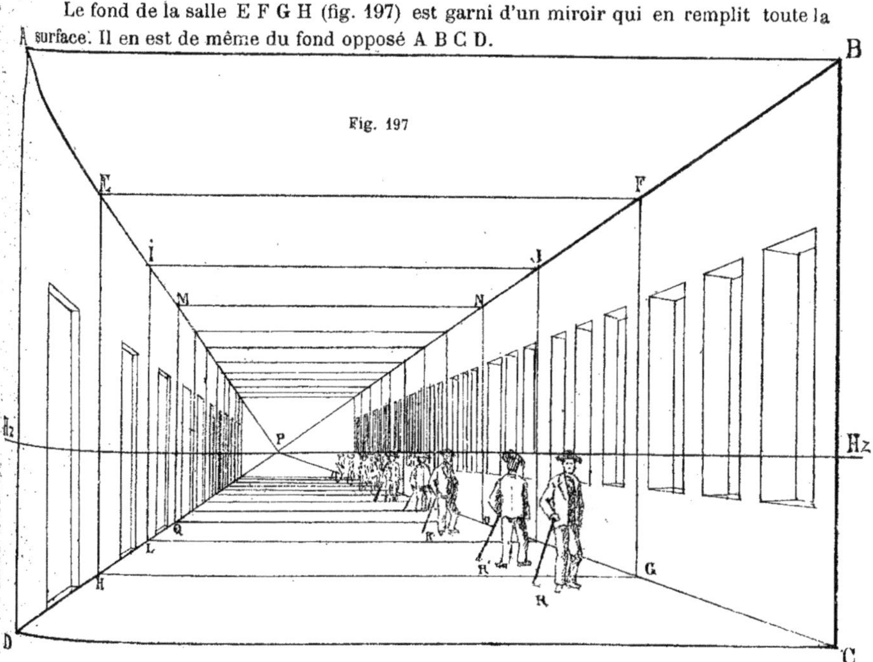

Fig. 197

Le miroir E F G H réfléchit la salle elle-même, et comme il est placé perpendiculairement à E B, la réflexion de cette ligne, J F, est en ligne droite avec E B. Il en est de même des autres arêtes G C, D H et A E. Ces lignes ont donc le même point de fuite P.

Le fond de la salle A B C D, qui se trouve réfléchi en I J K L réfléchit lui-même la salle et par conséquent on apercevra cette réflexion dont le fond M N O Q représentera la réflexion de E F G H

Comme le miroir E F G H réfléchit lui-même la salle, on apercevra de nouveau cette réflexion qui paraîtra de plus en plus éloignée, et cela indéfiniment.

Nous aurons donc les côtés B F, F J, J N, etc., qui sont perspectivement égaux.

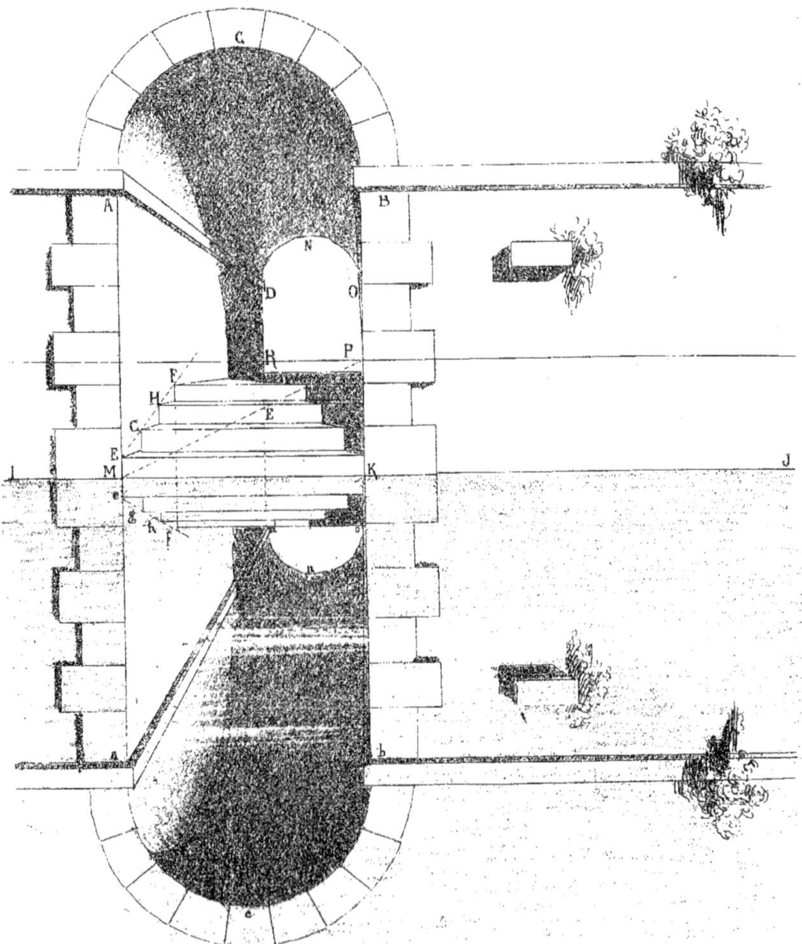

Fig. 198

Une personne placée en R se réfléchira d'abord dans la glace A B C D qui se trouve reportée en R', et ainsi de suite dans chacune des images de la chambre réfléchie. Dans l'une le personnage est vu de dos et dans la suivante de face.

214. — Chercher la réflexion perspective d'une voûte en berceau, d'un escalier, etc., dans une eau calme.

, La voûte M A C B K (fig. 198) se réfléchira dans les mêmes proportions, mais renversée pour sa partie qui est en avant, cette partie étant verticale.

Pour trouver la perspective du fond de la voûte en réflexion, nous supposons que la nappe d'eau s'étend jusqu'au dessous de R D, c'est-à-dire jusqu'en E.

Le point D se réfléchira au-dessous de D, à une distance E d $=$ E D et de même pour les points N et O.

La première marche de l'escalier M E se réfléchit en M e $=$ M E, et le point F de la dernière marche s'obtiendra en reportant F S de S en f. On supposera toujours que l'eau s'étend horizontalement au-dessous des objets dont on cherche la réflexion.

Connaissant les deux points c et f de la réflexion des arêtes de l'escalier, nous trouverons les points G et H en réflexion, sur une droite qui joint e à f, et sur les verticales passant par G et H, c'est-à-dire en g et h.

Nous n'avons plus qu'à faire passer des horizontales par ces points pour avoir la réflexion de l'escalier en perspective.

Nous remarquons que cette réflexion cache en grande partie la réflexion du fond de la voûte.

Les lignes dans la direction de A D qui ont leur point de fuite en P auront, comme réflexion, des lignes parallèles. Elles sont par conséquent fuyantes en P.

215. — Réflexion du soleil ou des corps situés à l'infini.

Dans les exemples que nous avons choisis, la position de chacun des objets dont on cherchait la réflexion était bien déterminée.

Il était toujours possible de supposer la surface réfléchissante prolongée jusqu'au dessous de l'objet, mais il est des cas où cette hypothèse est irréalisable : c'est quand les objets sont à une place indéterminée pour le spectateur, ou à l'infini, comme par exemple le cas où l'on aurait à déterminer la réflexion du soleil ou de la lune dans l'eau.

Il faut alors supposer la surface de l'eau prolongée à l'infini et se confondant par le fait avec la ligne d'horizon.

Dans ce cas, la réflexion du soleil se trouve sur une verticale abaissée du soleil sur la ligne d'horizon et à une distance au-dessous de la ligne d'horizon égale à la distance du soleil à cette même ligne.

216. — Réflexion des objets sur une eau agitée.

Lorsque l'eau est agitée, il n'est plus possible de faire de constructions pour trouver la réflexion des objets.

La surface de l'eau se compose d'une série de courbes plus ou moins convexes et concaves.

Cherchons à nous rendre compte de ce qui se passe sur une de ces vagues en prenant l'exemple où l'eau, si elle était calme, aurait à réfléchir le terrain, un arbre et le ciel.

La vague que nous avons choisie, étant courbe, peut être considérée comme formée d'une série de surfaces planes plus ou moins inclinées.

Une de ces surfaces est placée de telle sorte qu'une partie du terrain s'y réfléchit pour le spectateur ; une autre partie réfléchit une partie de l'arbre, et enfin une troisième, une partie du ciel.

Il en est de même des vagues suivantes sur une assez grande étendue de l'eau.

Le spectateur apercevra donc l'arbre qui se réfléchit, par portions, sur une série de vagues dont l'ensemble est bien plus étendu que l'arbre lui-même. Ces portions de réflexion de l'arbre sont coupées par des portions de la réflexion du terrain et du ciel.

Comme la réflexion ainsi obtenue change avec la courbe plus ou moins grande des vagues, il n'est plus possible de l'obtenir qu'en l'étudiant directement d'après nature.

Conseils généraux pour la mise en perspective d'un objet

Quelle que soit la méthode de perspective adoptée par un dessinateur, il doit tout d'abord se bien familiariser avec les procédés de cette méthode, afin de ne pas être arrêté par chacune des constructions qu'elle nécessite

C'est afin de rendre ces procédés plus clairs, d'en mieux faire voir la suite, que nous avons choisi, dans notre traité, pour chacun des cas que nous avons passé en revue, des objets peu compliqués.

Si la perspective à faire présente de nombreux détails, le dessinateur s'attachera tout d'abord à mettre en perspective par la méthode choisie, les grandes lignes de son modèle, afin d'avoir de suite une vue d'ensemble bien arrêtée.

Au moyen des cas que nous avons étudiés dans la méthode de perspective directe, il arrivera ensuite à ajouter tout les détails de façon à avoir un tout bien complet.

L'expérience apprendra au débutant que la théorie seulement serait incapable de faire de lui un perspecteur habile et que c'est seulement une grande pratique qui le mettra à même de surmonter facilement toutes les difficultés qui peuvent se présenter et lui permettra d'appliquer les moyens mis à sa disposition par la théorie.

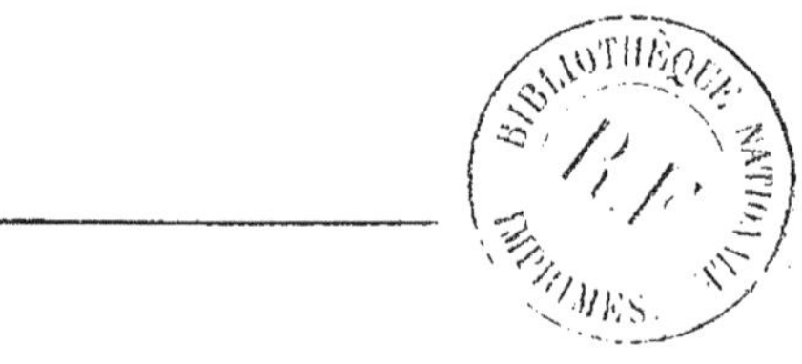

TABLE DES MATIÈRES

www.ingramcontent.com/pod-product-compliance
Ingram Content Group UK Ltd.
Pitfield, Milton Keynes, MK11 3LW, UK
UKHW021735090726
13657UKWH00002B/727